"十三五"国家重点出版物出版规划项目

|文|化|建|设|卷|

中国文化体制的改革与创新

REFORM AND INNOVATION OF
CHINESE CULTURAL SYSTEM

陈 庚 著

中国财经出版传媒集团
经济科学出版社
Economic Science Press

图书在版编目（CIP）数据

中国文化体制的改革与创新/陈庚著 . —北京：
经济科学出版社，2019.10（2022.9 重印）
（中国道路·文化建设卷）
ISBN 978 – 7 – 5218 – 1035 – 6

Ⅰ. ①中… Ⅱ. ①陈… Ⅲ. ①文化事业 –
体制改革 – 研究 – 中国 Ⅳ. ①G12

中国版本图书馆 CIP 数据核字（2019）第 214993 号

责任编辑：周秀霞
责任校对：王苗苗
责任印制：李 鹏

中国文化体制的改革与创新

陈 庚 著

经济科学出版社出版、发行 新华书店经销
社址：北京市海淀区阜成路甲 28 号 邮编：100142
总编部电话：010 – 88191217 发行部电话：010 – 88191522
网址：www.esp.com.cn
电子邮件：esp@esp.com.cn
天猫网店：经济科学出版社旗舰店
网址：http://jjkxcbs.tmall.com
北京季蜂印刷有限公司印装
710×1000 16 开 13.75 印张 180000 字
2020 年 1 月第 1 版 2022 年 9 月第 2 次印刷
ISBN 978 – 7 – 5218 – 1035 – 6 定价：46.00 元
(图书出现印装问题，本社负责调换。电话：010 – 88191510)
(版权所有 侵权必究 打击盗版 举报热线：010 – 88191661
QQ：2242791400 营销中心电话：010 – 88191537
电子邮箱：dbts@esp.com.cn)

《中国道路》丛书编委会

顾　　问： 魏礼群　马建堂　许宏才

总　主　编： 顾海良

编委会成员：（按姓氏笔画为序）

马建堂　王天义　吕　政　向春玲
陈江生　季正聚　季　明　竺彩华
周法兴　赵建军　逄锦聚　姜　辉
顾海良　高　飞　黄泰岩　傅才武
曾　峻　魏礼群　魏海生

文化建设卷

主　　编： 傅才武

《中国道路》丛书审读委员会

主　任：吕　萍

委　员：李洪波　陈迈利　柳　敏　樊曙华
　　　　刘明晖　孙丽丽　胡蔚婷

总　　序

　　中国道路就是中国特色社会主义道路。习近平总书记指出，中国特色社会主义这条道路来之不易，它是在改革开放三十多年的伟大实践中走出来的，是在中华人民共和国成立六十多年的持续探索中走出来的，是在对近代以来一百七十多年中华民族发展历程的深刻总结中走出来的，是在对中华民族五千多年悠久文明的传承中走出来的，具有深厚的历史渊源和广泛的现实基础。

　　道路决定命运。中国道路是发展中国、富强中国之路，是一条实现中华民族伟大复兴中国梦的人间正道、康庄大道。要增强中国道路自信、理论自信、制度自信、文化自信，确保中国特色社会主义道路沿着正确方向胜利前进。《中国道路》丛书，就是以此为主旨，对中国道路的实践、成就和经验，以及历史、现实与未来，分卷分册做出全景式展示。

　　丛书按主题分作十卷百册。十卷的主题分别为：经济建设、政治建设、文化建设、社会建设、生态文明建设、国防与军队建设、外交与国际战略、党的领导和建设、马克思主义中国化、世界对中国道路评价。每卷按分卷主题的具体内容分为若干册，各册对实践探索、改革历程、发展成效、经验总结、理论创新等方面问题做出阐释。在阐释中，以改革开放四十多年伟大实践为主要内容，结合新中国成立七十年的持续探索，对中华民族近代以来发展历程以及悠久文明传承的总结，既有强烈的时代感，又有深刻的历史感召力和面向未来的震撼力。

丛书整体策划，分卷作业。在写作风格上，注重历史和现实相贯通、国际和国内相关联、理论和实际相结合，对中国道路的重大理论和实践问题做出探索；注重对中国道路的实践经验、理论创新做出求实、求真的阐释；注重对中国道路做出富有特色的、令人信服的国际表达；注重对中国道路为发展中国家走向现代化的途径、为解决人类问题所贡献的中国智慧和中国方案的阐释。

在新中国成立特别是改革开放以来我国发展取得的重大成就基础上，近代以来久经磨难的中华民族实现了从站起来、富起来到强起来的历史性飞跃，焕发出强大生机活力，迈进中国特色社会主义道路发展的新时代。在新时代建设社会主义现代化强国的新的历史征程中，中国财经出版传媒集团经济科学出版社、中国特色社会主义经济建设协同创新中心精心策划、组织编写《中国道路》丛书有着更为显著的、重要的理论意义和现实意义。

《中国道路》丛书2015年策划启动，2017年开始陆续推出。丛书2016年列入"十三五"国家重点出版物出版规划项目、主题出版规划项目。丛书第一批，2017年列入国家"90种迎接党的十九大精品出版选题"；2018年获国家出版基金资助，作为馆藏图书被大英图书馆收藏；2019年被中宣部遴选为"书影中的70年·新中国图书版本展"参展图书，并入选国家社科基金中华学术外译项目推荐选题目录。丛书第二批于2019年陆续推出。

《中国道路》丛书编委会
2019年9月

目 录

第一章　改革开放前的中国文化体制 …………… 1

一、中华人民共和国成立初期文化体制的历史
　　来源与定型　／　2

二、中华人民共和国成立初期文化体制的基本
　　结构与特征　／　22

三、中华人民共和国成立初期文化体制的历史价值　／　31

第二章　中国文化体制改革的起步阶段
　　　　（1978～1991 年） ………………… 37

一、拨乱反正与文化事业的恢复　／　37

二、文化机构的"试错性"改革探索　／　43

三、文化事业体制的宏观结构调整与分类改革　／　56

四、文化市场的兴起与文化产业属性的初显　／　65

第三章　中国文化体制改革的探索阶段
　　　　（1992～2002 年） ………………… 73

一、市场化改革方向的确立与探索　／　73

二、文化行业管理体制的改革调整　／　80

三、文化行业的集团化与资本化 / 98
四、体制外增量的改革发展 / 103

第四章　中国文化体制改革的加速阶段（2003~2012年） ……………… 117

一、事业与产业的分途发展 / 117
二、文化体制改革全面实施 / 129
三、文化创新战略的实施与文化强国战略的确立 / 140

第五章　中国文化体制改革的全面深化阶段（2013年至今） ……………… 153

一、从"文化管理"到"文化治理" / 153
二、建立和完善国有文化资产管理体制 / 160
三、大部制改革与文化机构改革创新 / 173
四、文化领域供给侧结构性改革 / 179

第六章　中国文化体制改革的经验总结与趋势展望 ……………… 190

一、四十年来文化体制改革的基本判断 / 190
二、四十年来中国文化体制改革的基本经验 / 196
三、中国文化体制改革的展望 / 200

参考文献 / 205
后记 / 209

第一章

改革开放前的中国文化体制

文化体制是文化领域内各级党委、政府机构、文化组织、文化机构按照一定秩序和逻辑进行运转的制度体系,是整个社会组织系统中的一个子系统。新制度经济学派代表道格拉斯·诺斯认为:"社会的制度体系确定之后,在相当长的一段时间较难发生显著变动,而其中的部分制度却可能经常发生变化。"① 中国由封建社会进入近代社会再进入新民主主义社会,其文化体制、文化制度、文化机构都发生了巨大的变化。在封建社会,我国没有单独的文化管理机构和文化法令,政府对文化领域的管制主要采取临时性、分散性地禁戏、禁演。直到清末,清政府才颁布《大清报律》对新闻业进行规范管理。进入近代社会,北洋政府在教育部下设社会教育司对全国的博物馆、图书馆、戏剧、电影等文化事务进行管理,南京国民政府则责成内政部、教育部、国民党中宣部、文化委员会等部门联合管理文化事务。在中华人民共和国成立前,我国的文化单位主要有政府主持的博物馆、图书馆,国民党官营的电影制片厂、电影院、报馆、音乐厅、广播电台,以及私营的报馆、电影公司、电影院、剧场和剧团。在中国共产党领导的苏区、抗日根据地和解放区,文化机构是在党领导下的

---

① North, D. C. and Thomas, Robert P., *The Rise of the Western World: A New Economic History*, Combridge University Press, 1973, pp. 1 – 3.

公有制单位，文化活动和文化演出则是一种在共产党领导下的宣传运动，是一种自上而下的动员形式。因而中华人民共和国成立初期我国文化体制的构建是一种由混合结构向公有制制度的演进过程。

一、中华人民共和国成立初期文化体制的历史来源与定型

中国共产党在建党之初就重视文化宣传工作，在苏区、抗日根据地、解放区仿照苏联模式，建立了自上而下的文化动员体系，开展各种革命宣传、抗战宣传，号召基层民众参与各类革命斗争和生产劳动。这成为文化体制的初始来源。

（一）苏区、抗日根据地、解放区文化体制的沿袭

在苏区、抗日根据地和解放区三个不同的时期和地域范畴内，中国共产党实施了不同的文化工作路线，这些文化政策方针有所延续，但也有区分。

1. 苏区时期的文化工作。

苏区，即采用"苏维埃政权"组织形式的地区，是指1927~1937年间，即第二次国内革命战争时期的中共红色政权的控制区。从1927年11月中共领导人彭湃在广东陆丰县、海丰县成立县苏维埃政府算起，到1937年9月6日，中共中央将中华苏维埃共和国中央政府改名为陕甘宁边区政府为止，苏区共历经了9年又10个月。除赣南闽西的中央苏区外，还有鄂豫皖苏区、湘鄂川黔苏区、鄂豫陕苏区、陕甘苏区等，红色政权遍及江西、福建、广东、安徽、湖南、湖北、四川、贵州、河南、陕西等省，在中国北方的山东、河北、山西也有小片苏区。我党在苏区时期就已进行文化工作的探索，当时为了进行群众动员，呼吁

更多民众投身革命，苏区政府和红军采取公有化的形式开办了各类报刊、剧团和其他文化机构。开展文化工作的作用主要有：(1) 为军民提供读书识字的机会；(2) 方便集中统一的思想文化宣传；(3) 为苏区民众提供休闲娱乐。

1931年，中央苏区成立了中华苏维埃政府中央教育人民委员会，下设初等教育局、高等教育局、社会教育局、艺术局、编审局、出版局、中央苏区图书馆。中央出版局下设中央苏区印刷厂和红色书店，苏维埃中央政府下设红色中华通讯社。各地苏维埃政府下设俱乐部和列宁室。

在苏区的各项文化工作中，创办报刊是当时最主要的工作，因为报纸具有传播范围广、携带方便、及时性等特征，各苏区和部队都积极开展办报工作。共产党从建党开始就极为重视宣传和理论工作，党对报纸性质功能的认识主要来自列宁的办报思想和苏俄的办报经验。列宁和斯大林都非常重视报纸在阶级斗争中的作用，多次批判资产阶级出版自由这一口号的虚伪性。报纸是阶级斗争工具的说法，在中共党报史上最早见于1930年8月15日《红旗日报》创刊号发刊词："在现在阶级社会里，报纸是一种阶级斗争的工具。"

在中央苏区，苏维埃中央政府创办了《红色中华》，该报作为政府机关报于1931年12月在江西瑞金出版，全面反映中国共产党领导工农大众建设根据地和领导红军反围剿的详细情况，还报道中国共产党的政治思想路线、方针和政策。另外，中央政府还创办了《时事简报》，党中央创办了《斗争》，少先队中央总队创办了《少年先锋队》，少共中央创办了《少共中央》。

各革命根据地也积极开展创立报刊工作。在湘赣根据地，省苏维埃政府于1933年6月创办了《红色湘赣》，作为政府机关报，每期上辟有"省苏文件""特载""要闻"或"要讯""扩大红军"等专栏，中缝有"红报"专栏，或报道红军作战捷报，或竞买公债捷报,或刊登苏区农副产品价格等①,另外,中共湘赣省委创办了《湘赣斗争》,湘赣省军区政治部创办了《湘赣红星》,湘赣共青团省委创办了《列宁青年》。在闽浙赣根据地,省委创办了《突击》,省苏维埃政府创办了《工农报》,省军区创办了《红星》《前线》,省工会创办了《工人特刊》,共青团省委创办了《列宁青年》《青年实话》,省互济会创办了《互济生活》。在湘鄂西根据地,中共湘鄂西分局创办了《红旗日报》《布尔什维克》,省苏维埃政府创办了《工农日报》,共青团省委创办了《列宁青年》。

在红军方面,红三军团总政治部于1930年7月29日在长沙创办了《红军日报》,该报主要刊登红军告工农兵书,宣传党的政策,歌颂工农群众打土豪、分田地、翻身解放的事迹。另外,红一军创办了《红色战场》,红二军创办了《红星》,红四军创办了《红军画报》《红旗》,红五军创办了《猛进》,红七军创办了《右江日报》,红八军创办了《工农兵》,红九军创办了《不战不休》,红三十军创办了《赤化全川》,红三十一军创办了《红星》,红军西北军创办了《战场日报》。

在剧团工作方面,1932年9月2日在江西瑞金成立工农剧社总社,其前身为"八一剧团",在其他根据地也设有分社和支社,附设蓝衫团即高尔基戏剧学校,主要职能是配合反"围剿"斗争,发展苏区文化事业,扩大红军和培养戏剧干部。另外,在红军方面,红一军创办了战士剧社,红三军创办了火线剧社,红五军创办了猛进剧社,总部直隶部队创办了铁拳剧团。

在文化工作积极开展的同时,为了更好地管理文化工作,中央苏区和各地苏区政府先后出台了《苏维埃临时组织法》《省、县、区教育部及各级教育委员会的暂行组织纲要》《省、县、区、

---

① 中共株洲市委组织部、中共株洲市委党史办编:《株洲地方党史精粹1921~1991》,第85页。

市教育部及各级教育委员会的暂行组织纲要》《图书阅览规则》《图书出借规则》《文化问题决议案》《苏维埃教育法规》《俱乐部纲要》《工农剧社章程》《高尔基戏剧学校简章》《苏维埃剧团组织法》《俱乐部的组织和工作》《儿童俱乐部的组织和工作》和《红军中俱乐部列宁室的组织与工作》等相关政策。①

2. 抗日根据地的文化工作。

抗日根据地，指1937年至1945年抗日战争时期中国共产党建立的反抗日本侵略军统治的根据地。1937年11月，中共领导人聂荣臻在山西五台山创立了中国第一个抗日根据地——晋察冀根据地，开辟了中国抗日战争的敌后战场。此后，在晋绥、陕甘宁、晋冀鲁豫、冀鲁豫、山东、苏南、皖东等地区也建立起了抗日根据地。

毛泽东在1942年4月发表《在延安文艺座谈会上的讲话》，重点论证了革命文艺是整个革命事业的一部分，认为革命文艺应该成为团结人民、教育人民，打击敌人、消灭敌人的有力武器的思想。②在抗战期间，为了动员军民积极抗战，中国共产党充分践行这一思想，进一步加强文化工作，通过报刊、图书、戏剧、音乐等形式在国统区和延安等抗日民主根据地进行抗日文化宣传，逐步形成了相对独立的文化宣传系统。

报刊方面，中共在1931年1月将《红色中华》更名为《新中华报》，此报先后成为陕甘宁边区政府和中共中央的机关报，主要反映抗日战争时期中国共产党的全面抗战路线以及团结抗日的政策，对边区人民保卫和建设根据地热情也做了大量的报道③。另外，中共中央还创办了《共产党人》《八路军军政杂志》

---

① 傅才武：《近代中国国家文化体制的起源、演进与定型》，中国社会科学出版社2016年版，第128、137、138页。
② 《毛泽东选集》第3卷，人民出版社1991年版，第848页。
③ 白寿彝、王桧林、郭大钧、鲁振祥：《中国通史（第12卷）·近代后编（1919~1949）·上册》，上海人民出版社2015年版，第25页。

《中国工人》《中国青年》《中国妇女》《边区群众报》等报刊，华北晋察冀根据地创办了《抗敌报》，即《晋察冀日报》，山西沁县政府创办了《晋绥日报》，广东东江抗日根据地创办了《新百姓报》，即《东江民报》。中共机关报的创设，推动形成了相对独立的新闻宣传系统。

剧团方面，1938年7月，在毛主席的领导下延安成立陕甘宁边区民众剧团，隶属于中央文委与陕甘宁边区文化协会，该剧团在极其艰苦的环境下发展起来，通过秦腔、眉户、秧歌与快板剧等方式展现根据地人民现实生活和抗战情境，起到了直观的宣传教育作用。晋察冀边区设有华北联合大学文艺部和陕甘宁边区音乐界抗敌协会，晋东南、冀南、晋察冀、晋西北抗日根据地创办了新乐协会、抗日军政大学合唱团、延安合唱团等音乐团体，八路军总部创办了西北战地服务团、火星剧社和先锋剧社，一二九师设立了先锋剧社。这些剧团工作的开展，推动了相对独立的戏剧宣传系统的建立。

在艺术学校方面，随着抗日战争形势的发展，急需培养大批文艺人才，中共于1938年4月10日在延安成立延安鲁迅艺术学院。"鲁艺"在学习、生活、教学工作中，都有一派紧张活泼的气象，在革命的学风指引下，"鲁艺"培养出了大批的文艺工作者和干部，为抗战的最后胜利做出了积极的贡献①。另外，中共中央党校创办了延安平剧研究院和大众艺术研究院，延安和各抗日根据地先后成立了部队艺术学校，太行区成立了鲁迅艺术学校，抗日军政大学下设有民族革命艺术学校，各文艺教育机构还创办了《民族音乐》《边区音乐》和《歌曲》等音乐刊物。

3. 解放区文化工作的开展。

解放区，指1945~1949年间解放战争期间由中国共产党控制的区域。抗日战争结束后，中共领导下有陕甘宁边区、晋察冀

---

① 李默：《话说中华文明 共产党抗日救国》，广东旅游出版社2013年版。

边区、冀热辽边区、晋绥边区、晋冀豫边区、冀鲁豫边区、山东解放区、苏北解放区、苏中解放区、苏浙皖解放区、淮北淮南解放区、皖中解放区、浙东解放区、鄂豫皖解放区等19个解放区，在解放战争期间，中国人民解放军连连击退国民党军队，解放区范围逐渐扩大，1948~1949年，三大战役结束后，我国内地地区大多都已解放。

解放战争的节节胜利离不开党的文化宣传工作，这一阶段解放区的文化部门通过报纸、戏剧等形式进行了自上而下的战争动员。

首先，党积极创办报刊，坚持建设自有的舆论阵地。1945年12月9日，《新华日报》华中版在江苏淮阴创办，此报为中央华中分局机关报，1946年12月26日停刊。1949年4月30日，中共南京市委在南京创办《新华日报》。1949年12月10日，中共中央西南局在重庆创办《新华日报》，该报在解放战争期间发挥了巨大的历史作用，牢牢占领了舆论制高点①。另外，晋察冀豫边区中央局创办了《人民日报》，中共松江工委创办了《松江新报》，中共中央东北局创办了《东北日报》，中共中央华北局创办了《人民日报》，中共中央中南局创办了《长江日报》，山东局创办了《大众日报》，中共中央华东局创办了《解放日报》，此报亦为上海市市委机关报。各敌后根据地也积极办报，创办了《拂晓报》《雪枫报》《江汉日报》《鄂豫报》《团结报》《人民报》《鄂赣报》等报刊。

其次，大力恢复与发展广播事业。1946年解放战争全面爆发后，中共中央将各地的新华广播电台集中起来，形成广播集中台。1946年11月，新华广播电台在瓦窑堡建立了一线战备台，在晋察冀、晋冀鲁豫解放区建立了二线战备台。1946年6月，

---

① 张树军：《图文中国共产党抗战纪事·上（1931~1940）》，河北人民出版社2015年版。

山东新华社建立起山东野战军前线分社,新华社各地总社和分社在各地设有前线分社和前线记者团,形成有效的新闻通信网络①。中共中央还将停播的延安新华广播电台改名为陕北新华广播电台继续播音,即后来的北平新华广播电台。

最后,在剧团工作方面,冀南艺术学校设有冀南文工团,晋冀鲁豫边区军政大学设有文艺工作队,太行区的部队成立了太行区文工团,冀鲁豫边区党委宣传部创办了冀鲁豫民有剧社。另外,解放区的农村业余剧团逐步发展,有许多自发组织的业余剧团。这些剧团创作出许多立足于农村生活和军事战斗生活的作品,起到了很好的宣传教育作用。

为了更好地管理文化工作,各解放区政府先后出台了《七七决议》《关于春节文化娱乐工作的指示》《太岳区党委宣传部通知》《1947年方针》《关于进行年关宣传工作与文娱工作》和《关于开展年关宣传文娱拥军优军工作的指示》等相关政策,以此推动文化工作的开展。

苏区、抗日根据地、解放区的报刊、剧团和其他各文化机构的建设在普及知识,传播先进文化,丰富群众精神生活的同时,鼓舞了军民士气,对革命和抗战进行了有力的动员。中国共产党在错综复杂的政治斗争和军事斗争中能够取得胜利,文化事业的作用不可磨灭。更重要的是,这种自上而下的文化动员系统的建立有利于加强马列主义意识形态的建设,为中华人民共和国成立初期的文化体制的形成奠定了基础。

(二)对国民党官营文化资产的接收

在中华人民共和国成立之初,除了沿袭苏区、抗日根据地及解放区的文化工作模式,还接收了一批国民党官营文化资产,为构建新中国的文化体制奠定了基础。

---

① 李勇军、周惠萍:《公共政策》,浙江大学出版社2013年版。

1. 接管的概况及原则。

解放前，国民党中宣部、教育部、中央文化事业委员会建立了一批国民党官营报刊、电影公司、博物馆、图书馆、音乐厅等官营文化机构，解放后，中国共产党将如何顺利接收并管理好这些资产提上重要日程。接管的主体是各解放区的军事管制委员会，接管的内容是各地国民党官营文化资产，据此，中共中央于1948年11月15日发布《关于军事管制问题的指示》，指导各地成立军事管理委员会对国民党官营资产进行有序接管，人民解放军总部也相继颁布《关于新解放区军事管制条例》和《关于新解放城市军事管制时期的各项政策》，对军事管制的性质、任务、方式、期限作了更明确的规定①。其中对文化资产的接收有两点原则：（1）制定正确的政策，接管、改造旧的文教事业，如新闻出版事业、教育机构、文娱场馆等，使文教事业为新民主主义国家服务。（2）对文化机构中的工作人员进行合理安置。

接管工作的重点一方面是清算国民党官营资产为国家的建设所用，另一方面就是对接管机构进行人员安置。在人员安置过程中，除了极个别反革命分子会受到依法惩办之外，中共中央对其他所有工作人员，都采取"包下来"的安置办法，保证他们的吃穿住行，不让他们因为接管而失业失家，尽量维持他们原本的生活标准。例如，在接管上海新闻事业时，对《申报》和《新闻报》报社中被原反动派控制的编辑部进行解散或改组，调整人事结构。另外，根据中共中央"包下来"政策的指导，凡是愿意继续留在原单位工作的人，一律原职原薪，不降低其生活标准；一些年纪大的新闻从业人员，主动请求回乡，军管会负责发放安家费和旅费；一些想要自谋出路的人员，军管会发放他们三个月的工资，让他们在找工作时也保证温饱，如果过了一段时间

---

① 李来柱：《李来柱上将回忆录》，中央文献出版社2008年版，第86页。

没有好的出路，军管会也会继续实施帮助。军管会不怕艰难与麻烦，耐心细致地解决原从业人员的就业和去向问题①。

2. 接管的具体情况。

从1948年底，各地军事管理部门就开始酝酿对各大城市国民党官营资产的接管，并由北向南推进，济南、长春、沈阳等城市率先成立军管会进行接管。1948年11月30日，中共中央东北局发布了《关于接收沈阳的经验》的报告，供其他城市借鉴②。至1949年底，全国大中城市国民党官营资产的接管基本完成。

北京地区的接管情况。1949年1月至3月，随着北平的解放，叶剑英负责的北平军事管制委员会下属文化接管委员会对北平的国民党官营文化资产进行接收。③ 在新闻单位方面，先后接管了《华北日报》《阵中日报》《中国时报》《中国晚报》《时事日报》《平明日报》《新生报》《道报》《北平日报》《国民日报》《经世日报》《大华日报》《全民日报》等报刊，接管了北平广播电台。在电影机构方面，先后接管了"中电三厂"、"长制"北平办事处、中央电影服务处华北分处等机构。在文化场馆和机构方面，分别接管了国立北京博物院、国立北平图书馆、北平文物整理委员会、历史博物馆、沈阳博物院北京分部、国使馆北平办事处、中法教育基金会。在接管工作进行的同时，为了使接管工作规范、有序进行，军管会还相继出台了《中共中央对电影工作的指示》《中国人民解放军北平军事管制委员会入城办公办法》。

上海地区的接管情况。1949年4月至6月，随着上海市的解放，陈毅负责的上海军事管制委员会下属文化教育管理委员会对

---

① 姜雪兰：《建国初期上海市新闻事业的接管》，复旦大学硕士学位论文，2013年。
② 王作东：《建国前后的军事管制委员会》，载于《党史纵横》2016年第5期。
③ 辛航：《北平和平解放初期的军管会》，载于《北京档案》1999年第3期。

上海的国民党官营文化资产进行接收。① 在新闻单位方面，先后接管了上海《申报》《中央日报》《和平日报》《新闻报》《东南日报》《前线日报》《时事日报》《新民报》《文汇报》《大公报》《大晚报》《大众夜报》等报刊，接管了中央通讯社、上海广播电台、新华总社口语广播部。② 在电影机构方面，先后接管了"中电一厂、二厂"，中电总管理处、营业处，中国电影联营处，中制上海技术站，西北电影公司办事处，上海实验电影厂，大光明电影院等机构。在文化场馆和机构方面，分别接管了国民党上海市教育局、国立各研究机构、中山文化教育馆、市立图书馆、民教馆、博物馆、科学馆、体育场、社会教育处、中国万岁剧团等机构。在接管工作进行的同时，为了使接管工作规范、有序进行，军管会还相继出台了《关于上海市报纸、杂志、通讯社登记的暂行办法》《接收新闻业》等相关法规。

武汉地区的接管情况。1949 年 5 月至 8 月，随着武汉市的解放，谭政负责的武汉军事管制委员会下属文化接管委员会对武汉的国民党官营和部分私营文化资产进行了接收。③ 在新闻单位方面，接收了《武汉日报》《和平日报》《华中日报》《汉口报》《名言报》《民族日报》《劳工日报》《民风报》《正风报》《建国晚报》《楚声报》等报刊，④ 接管了上海《申报》驻汉办事处、中央社武汉分社、华中通讯社、汉朝通讯社、汉口新播电台、军事新播电台、武汉新播电台等机构。在文化娱乐场方面，接管了中央电影院、大光明电影院、明星电影院、民众乐园、湖北青年会堂维多利亚戏院等机构。在文化场馆和机构方面，分别接管了中国文化服务社、建国书店、正中书局、南方印书馆以及各公立

---

① 姜雪兰：《建国初期上海市新闻事业的接管》，复旦大学硕士学位论文，2013 年。
② 任冬梅：《解放初期上海军事管制委员会研究》，华东师范大学硕士学位论文，2010 年。
③ 李珊珊：《中国共产党对武汉市的接管》，武汉大学博士学位论文，2010 年。
④ 刘守华：《烽火硝烟中诞生的解放区电影》，载于《档案记忆》2016 年第 7 期。

教育机构。在接管工作进行的同时，为了使得接管工作规范、有序进行，军管会相继出台了《关于各地党政机关人员进城者的通告》《武汉市军事管制委员会报纸杂志通讯社登记暂行办法》等相关法规。

福建地区的接管情况。1949年8月至11月，随着福建地区的解放，韦国清负责的福建军事管制委员会下属文化接管委员会对福建的国民党官营文化资产进行了接收。① 在新闻单位方面，接收了《中央日报》《星光日报》《厦门日报》《海疆日报》等报刊，接管了福建广播电台和厦门广播电台。在教育机构上，接管了闽南女子学校、福建协和大学和华南女子文理学院等学校。

重庆地区的接管情况。1949年11月至12月，随着重庆地区的解放，张际春负责的重庆军事管制委员会下属文化接管委员会对重庆的国民党官营文化资产进行了接收。② 在新闻单位方面，接收了《中央日报》《扫荡报》《重庆日报》《黎明日报》《世界日报》《时事新报》《民言报》等报刊，接管了中央通讯社、国际广播电台、中央广播事业管理处和广播器材修造厂等机构。在文化场馆和机构方面，接管了中国文化服务处、独立出版社、中央训练印刷厂、正中书店、重庆市公立、私立教育机构等。为了使接管工作规范、有序进行，军管会还相继出台了《禁止非法接管的布告》《重庆市教育暂行实施办法汇编》《关于重庆市接管工作》等相关法规。

除了以上这些地区，中华人民共和国成立前后其他各解放区也基本完成了对国民党官营文化资产的接收，在接收的过程中呈现出几个特征：第一，在中共中央统一方针政策领导下，各地区军管会从实际出发，灵活制定符合地区接收的相关法规；第二，

---

① 中共福建省委党史研究室编：《城市的接管与社会改造》福建卷，1996年，第8~9页。
② 余雪松：《解放初期重庆接管工作研究》，重庆师范大学硕士学位论文，2011年。

各地区基本都进行了充分的准备,如政策、信息、人员等方面,保证接管工作的顺利进行;第三,在接管前及接管中通过办报、座谈会、个别谈话或其他方式进行深入的宣传动员,获取广泛的群众基础。对国民党官营文化资产的接管,在中华人民共和国成立初期的政权建设以及后来进行的社会主义改造中起到了建设性的作用。

(三) 中华人民共和国成立初期文化体制的构建

中华人民共和国成立前夕,1949年7月召开的中华全国艺术工作者第一次代表大会,把毛泽东提出的文艺为人民服务首先是为工农兵服务的方针,确定为发展新中国文艺的基本方针。中华人民共和国成立后,人民政府在领导恢复国民经济、开展三大运动的同时,还制定了文化教育方针,加强这方面的工作。[①] 此后《中国人民政治协商会议共同纲领》规定了共和国的文化发展方向:"中华人民共和国的文化教育为新民主主义的,即民族的、科学的、大众的文化教育。人民政府的文化教育工作,应以提高人民文化水平、培养国家建设人才,肃清封建的、买办的、法西斯主义的思想,发展为人民服务的思想为主要任务。"[②]

此外,根据中共七届三中全会确定的"有步骤地进行旧有学校教育事业和旧有社会文化事业的改革工作,争取一切爱国的知识分子为人民服务"的要求,逐步对旧有教育文化事业进行了深刻的改革。中华人民共和国成立后,新闻、广播、出版事业已掌握在人民手里,成为中国人民进行自我教育,开展思想文化斗争的武器。

新中国对文化领域的重建主要从两个方面着手,一方面是

---

① 何沁:《中华人民共和国史》,北京高等教育出版社2009年版,第48页。
② 徐辰:《宪制道路与中国命运:中国近代宪法文献选编1840~1949卷》,中央编译出版社2017年版,第460页。

搭建文化、新闻行业的管理机构和运行制度，另一方面是对原有的民营报馆、出版社、书店、电影公司、电影院进行社会主义改造。

1. 文化管理机构的设立。

中华人民共和国成立前后最早成立的文化管理机构是中央电影管理局，该局于1949年4月在北平成立。1949年11月，中央人民政府文化部成立，电影局并入文化部。文化部组建之初，由电影局、艺术局、戏曲改进局、文物局、对外文化联络事务局、科学普及局组成，沈雁冰任部长。

文化部电影局是最早成立的，袁牧之担任首任局长，他倡导建立国营电影管理体制，下辖东北电影制片厂、上海电影制片厂和北京电影制片厂三大电影制片厂。文化部下设文物局负责管理全国的文物、博物馆、图书馆事业，郑振铎为首任局长。1951年10月，文化部文物局和科学普及局合并，成立文化部社会文化事业管理局，负责文物传承和文物宣传教育工作。1955年3月，文化部再次进行机构调整，成立文物管理局，主管全国文物、博物馆事业。1955年8月，中宣部任命王冶秋为文物管理局局长。[①] 1954年，文化部责成对外文化联络局负责对外出版事宜，1963年在对外文化联络局的基础上划分出外文出版发行事业局。文化部下辖各局，分工合作协调互助，构建了中华人民共和国成立初期的文化管理机制。

在地方上，文化管理机构也相继建立。1950年1月华东文化部成立，陈望道任部长，下设文物处和科普处。1950年6月，中南军政委员会成立文化部，下设文艺处和文物处，文艺处设有戏剧科和电影科。1950年7月，武汉市文化教育管理局成立，负责全市的文化工作。1953年，中南军政委员会改为中南行政

---

① 张晋藩：《中华人民共和国国史大辞典》，黑龙江人民出版社1992年版，第18页。

委员会，文化部改为文化局，领导中南 6 省文化工作。① 1950 年，西北军政委员会成立文化部，赵望云担任部长，筹建了西北历史博物馆暨西安碑林博物馆，接管了敦煌研究院，组织保护了半坡遗址。同时，中共东北局也成立了文化部。

在新闻领域，中央成立了新闻总署，并出台了一系列新闻政策法规。全国胜利前夕，中央先后颁发了一系列决定和指示，如《中共中央关于宣传工作中请示报告制度的决定》《中宣部关于克服新闻工作系统中无政府、无纪律现象、坚持请示报告制度的指示》等。1949 年 12 月，中央政务院颁布了《关于统一发布中央人民政府及其所属各机关重要新闻的暂行办法》，规定所有公告和公告性新闻均由新华通讯社统一发布。1950 年和 1951 年，政务院又相继公布了几项有关统一发布新闻的规定。

1950 年前后，由中央至地方的文化管理机构基本组建，形成了自上而下的文化管理体制，颁布了一系列文化接管、文化业改造、文化发展的法规政策，基本构建了新中国的文化体制框架。

2. 民营文化机构的公有制改造。

在文化管理机制构建的同时，另一项重要文化工作就是对私营文化机构进行公有制改造。1951 年 5 月 5 日，周恩来总理签发了政务院《关于戏曲改革工作的指示》，即"五五指示"，其中心内容是"改戏、改人、改制"。"五五指示"的发布，开启了中国文化行业公有制改造的大门。文化领域的公有制改造即是在公私兼顾、劳资两利的原则下，通过开展文化领域的演艺、新闻、电影等行业的公有制改造，逐步形成从民营制为主体转变为以公有制为主体的国家体制模式。

中华人民共和国成立后，中国共产党在接收原国民党以及其他社会力量主办的文化新闻机构、电台等机构、设备的同时，又

---

① 武汉地方志编纂委员会主编：《武汉市志·文化志》，武汉出版社 1998 年版，第 339~345 页。

开展了文化领域的演艺、新闻、电影等行业的公有制改造。

（1）将民间职业剧团改编为政府直属的国营剧团。对民营剧团的改造早在1949年就已启动，但最初只是着重将私人所有的戏班改造成艺人集体所有的戏班（共和班）。尽管这种改变已经确立了进行集体所有制和公有制改革的目标，但还不是真正意义上的行业性公有制改革，大部分戏班仍是一些私营戏班。大量的由军队转入地方的文工团改制成为国营剧团，对改造私营剧团形成了强烈的制度示范，推动了戏剧领域的国家体制化。

1950年，由中央文化部戏改局副局长马彦祥出面说服动员，著名京剧演员李少春的民营剧团"起社"与叶盛章的"金声社"合并，组成以李少春、叶盛章、袁世海担纲的"新中国实验剧团"（京剧界第一个共和班），随即加入文化部戏改局所属的京剧研究院，成为北京市第一个由民营转为国营的戏曲剧团。此后不久，北京评剧界两大名角——筱白玉霜（再雯社）和喜彩莲（莲社）并班，正式组成"新中华评剧工作团"。1951年，文化部戏改局与艺术局合并，新中华评剧工作团也就改隶于中国戏曲研究院，更名中国评剧团，成为北京第一个国营评剧团（中国评剧院前身）。在北京戏改工作的带动下，上海等地的旧戏曲班社也先后改制和组建了各主要地方剧种的"国营"（或称"民办公助"）剧团。①

1950年2月，"雪声"和"云华"越剧团组成上海越剧实验剧团，以此为基础，上海第一个国营剧团"华东越剧实验剧团"于4月成立。1951年3月，华东越剧实验剧团加入刚刚成立的戏曲研究院；8月，以范瑞娟、傅全香为首的"东山越艺社"也正式加入。1951年9月，"上艺"沪剧团被批准为私营公助剧团，

---

① 张炼红：《从"戏子"到"文艺工作者"——艺人改造的国家体制化》，载于《中国学术》2002年第4期。

1952年1月与"中艺"合并为民办公助的上海沪剧团。经过几年的剧团改造运动，到1956年，上海市文化局接受改造登记的专业剧团共计48个，其中，芳华、合作、少壮、天鹅、振奋等34个剧团被批准为国营剧团；勇健、友谊、上艺、大众4个剧团被批准为民办公助剧团；振艺、众艺、勤艺、友艺等10个剧团被批准为由文化局发给营业许可证的民间剧团。

1952年至1955年，湖北省文化事业管理局为贯彻文化部《关于整顿和加强全国剧团工作指示》，出台《湖北省文化局民间职业剧团登记办法》，分批将各地、各级戏曲剧团按地方国营、民营公助、民间职业剧团（自负盈亏）等不同所有制形式组织起来，划归各地文教部门领导，将中华人民共和国成立前聚散无常的地方剧种班社组建为职业剧团，如天沔花鼓戏（今荆州花鼓戏）、襄阳花鼓戏、东路花鼓戏、远安花鼓戏、黄梅采茶戏剧团等。省内其他戏曲剧种的班社也纷纷建团，如豫剧、越剧、评剧在武汉市建团；荆河戏在石首建团；巴陵汉戏在通城建团；常德汉戏在公安建团；湖南越调在光化（今老河口市）建团；高台曲在襄樊市、宜城建团；山二黄在郧阳专区各县建团；南剧在恩施专区大部分县里建团；随县花鼓戏在随县建团。此时全省戏曲剧团达104个，计有21个剧种。[①]

（2）对新闻业的公有制改造。中华人民共和国成立初期，一些主要城市的报纸、电台大多为民营。据1950年3月统计，全国共有私营报纸58家，私营广播电台34座。私营报纸最多的为华东地区，有24家，其中14家在上海出版，如《大公报》、《文汇报》、《新民报》、《大报》、《亦报》、英文《字林西报》、英文《密勒氏评论报》以及三家俄文报纸等。另有一家公私合营的报纸《新闻日报》，系由旧《新闻报》改组而成。华北与中

---

① 中国戏曲志编辑委员会编：《中国戏曲志·湖北卷》，文化艺术出版社1993年版，第20页。

南地区各有 11 家私营报纸。北京的私营报纸只有《新民报》一家。私营广播电台则大部分在上海,有 23 座,占全国私营电台总数的 76%。①

中华人民共和国成立初期,中国共产党缺乏管理全国的经验,对于这些私营新闻机构也没有形成明确的政策思路。最初只是根据公私兼顾的原则,在经济上予以扶持,这实际上还只是一种从外部施加影响力的权宜之策。1949 年 11 月 30 日,中共中央宣传部发出电报:"私营报纸及公私合营报纸,在现阶段有其一定的必要,故应有条件予以扶助。"该电报还明确指示华东局宣传部要扶助《大公报》,"拨给适当数目纸张,作为公股投入该报"。② 根据这一精神,各大城市均采取了一些措施,改善私营报纸的处境。1950 年,中共决定采取公私合营等措施,对私营报纸实行社会主义改造。1950 年 7 月,《大公报》率先实行公私合营,并在报社内建立中共党组。《大公报》公私合营后,根据当时新闻总署的指示,既不正式对外宣布,也不故意否认。接着,《文汇报》《新民晚报》也先后实行了公私合营,在经济上除保留私股外,由政府予以适当的投资或贷款作为公股,以扶持报纸发展。至 1953 年,私营报纸除停办外,全部实行了公私合营。此后,人民政府又逐渐退还私股,进一步将公私合营报纸改造成公营报纸。③

改造私营广播电台的情况也与私营报纸基本相同。至 1953 年,全国各大城市的私营广播电台全部实行公私合营,后又并入当地国营广播电台。④ 经过对私营报社及广播电台的社会主义改造,在新闻领域建立了以《人民日报》为首的各地省委、市委机关报系统,以中央人民广播电台为首的各省市人民广播电台系统。

---

① 方汉奇:《中国新闻传播史》,中国人民大学出版社 2002 年版,第 335 页。
② 孙旭培:《解放初期对旧新闻事业的接收和改造》,载于《新闻研究资料》1988 年第 43 辑。
③④ 方汉奇:《中国新闻传播史》,中国人民大学出版社 2002 年版,第 337 页。

（3）对电影业的公有制改造。民国时期，中国电影业主要集中在上海。1949年10月中华人民共和国成立时，中国电影机构，除"东北影片经理公司""华北影片经理公司""华东影片经理公司"三家国营电影公司外，还有7家民办私营电影厂，即文华影业公司、昆仑影业公司、国泰影业公司、大同影业公司、大中华影业公司、大光明影业公司、华光影业公司，这些民营电影机构几乎全部集中在上海。① 此外还有1950年3月成立的公私合营的长江电影制片厂。

民国时期和中华人民共和国成立初期，电影是大众化消费产品，受众广泛。随着人民解放军先后解放东北、华北、中原和中南、西南地区，地方政府也按照公共制的原则组建了一批公有制的电影放映发行公司，开始了电影行业的公有制科层管理体制的探索和实践。

1949年3月1日，东北影片经理公司在沈阳成立，其后又分别在沈阳、哈尔滨、长春、齐齐哈尔、牡丹江设立办事处，在锦州、佳木斯、安东、吉林设立发行站，并设立驻朝鲜代表处，这本质上是一种科层官僚体制。1949年5月15日，华北影片经理公司在北平成立，相继在山西、内蒙古、张家口、石家庄、唐山等地设发行代表。1949年9月15日，中共在接管国民党党办的中央电影企业有限公司业务部的基础上成立了华东影片经理公司，下设上海、南京、杭州、济南、福州、南昌、合肥办事处。1950年1月15日，西北影片经理公司在西安成立。1950年2月1日，西南影片经理公司在重庆成立，下设四川、云南两省办事处和贵州省发行站。1950年3月1日，中南影片经理公司在汉口成立，下设湖南、江西、河南办事处。此外原南方影业公司广州分公司改组为中南影片经理公司华南分公司，下设广西代表处和

---

① 孟犁野：《1949~1952私营制片厂电影及其历史地位》，载于《电影艺术》1995年第5期。

湛江发行站。至此，全国范围内的国营电影发行网初步建立。

在国营电影发行网络初步建立的基础上，电影行业体制的形成就水到渠成。1951年1月15日，经文化部批准，在电影局发行处的基础上成立中国影片经理公司，领导全国各大行政区影片经理公司。其业务范围包括：代理中外影片在国内的发行，经营全国各地直属影院，统筹供应全国电影放映队16毫米影片拷贝等。

在组建国有电影发行网络的同时，也开始了对民营电影行业的改造。电影行业官僚科层体制的管理模式，为民营电影公司的改造提供了经验示范。早在1948年，中共电影机构的负责人袁牧之就提出私营电影业的"改造"问题，但由于时机尚不成熟，直到1951年中共才正式启动私营电影企业的公有制改造。

解放战争后期，时局的动荡使私营电影公司的生产和经济陷于困顿。在这种情况下，中共有关方面提出应该支持私营影业继续拍片，并提出了"公私兼顾、劳资两利"的政策思路。从1949年10月到1950年6月，人民银行上海分行和公私合营银行曾对昆仑、文华、国泰、大同4家主要私营电影公司给予贷款，相关部门还给予私营影业以借拨胶片原料、解决电影器材以及影片出口、发行等实质性帮助。1950年私营公司的影片生产量达到了34部，并准备在1951年拍摄67部影片。①

上海市文华、昆仑、国泰、大同等四家私营影片公司，在人民政府的领导与扶助下，逐渐克服困难，恢复并维持了生产。上海昆仑、国泰、大同等影片公司，曾因资金周转困难，生产一度停顿。上海市军管会文艺处电影室和文化局电影事业管理处，曾先后予以贷款、借给部分原料、协助办理出口、发行等方式，积极扶植与鼓励其经营、摄制进步影片。人民银行上海分行曾先后贷给昆仑等四公司发行贷款20.9亿元；又贷给国泰、大同、昆

---

① 沈芸：《中国电影产业史》，中国电影出版社2005年版，第148~150页。

仑三公司生产贷款 22 万个折实单位。新华银行等十三家公私合营和私营银行联合贷给上述四公司生产贷款共 20.59 亿元。同时，中央人民政府文化部中央电影局对昆仑、文华等公司，曾供给副片（印拷贝用的原料）八万英尺；代做押汇二十万元港币，并代为发行至香港、南洋等地，使私营影片公司度过了九个月的困难。其中文华公司因职工团结，建立了民主管理制度，紧缩了预算。同时该公司在摄制工作中也采取了比较认真的态度，并注意了全国性的发行工作，在政府扶助下，该公司的业务得以恢复，摄制完成了《我这一辈子》等三部影片，另有《思想问题》一片很快完成，此外还预备摄制《腐蚀》等片。但有若干私营影片公司，还存在着依赖性，没有很好地改革本身不健全的制度、改善经营管理、调整支付预算和劳资关系等，因此陷于困难境地，对部分公、私贷款到 1950 年 6 月底尚未清偿。①

1951 年"五五指示"发布，开启了中国文化行业公有制改造的大门。在这一大背景下，上述私营电影制片渐次进行了公有制改革。1951 年 9 月，组建长江昆仑联合电影制片厂，促成"昆仑"与"长江"合并；1952 年 2 月进一步联合"文华""大同""国泰""大光明""华光""大中华"公司，成立了国营性质的上海联合电影制片厂，于伶任厂长、叶以群任副厂长。1953 年 2 月，"上影"又与"上联"合并，称为上海电影制片厂，②至此，作为新中国早期的三大制片厂之一的上海电影制片厂成立，归文化部电影局直接管理。报刊、出版、电影、剧团、电台等文化行业的公有制改造完成后，中国的文化业公有制改革任务基本完成。

1949~1953 年，在各级党委、政府和军委会的努力协作下，

---

① 《在政府扶植下的上海私营电影业——文华等公司业务好转》，载于《解放日报》1950 年 7 月 27 日。
② 张硕果：《上海电影制片业的"社会主义改造"（1949~1952）》，载于《电影艺术》2009 年第 1 期。

基本完成了对国民党官营文化资产的接收和对民营文化机构的公有制改造，并建立了自上而下的文化管理机构，出台了相关的文化管理政策法令，从制度层面初步构建了新中国的文化管理体制。

二、中华人民共和国成立初期文化体制的基本结构与特征

夏商之际中国社会已产生传统的雅乐与俗乐，并在秦汉时期设立太常寺、乐府等机构管理舞乐事宜。但是，文化艺术始终未得到重视。"乐工"地位卑贱，无法获得统治阶级政治上的认同与经济上的扶持。近代以来，由于文化行业的兴盛，公共舆论的争鸣，不同文化意识形态的传播，管理当局逐渐重视文化，加强对文化的引导与管理，同时资助部分文化行业发展，逐步组建自上而下的文化管理机构，形成上下协调的文化结构。中央人民政府成立文化部，各地成立文化厅、文化局对文化工作进行管理，形成了以政府机构为主导，以国有文化事业单位为行动主体的文化结构。

（一）中华人民共和国成立初期文化体制的结构关系

中华人民共和国成立初期，我国各个领域变革的核心是高度组织化的集中体制。这种体制具有一定的合理性。世界上不少"后发—外生型"国家和地区经过革命或政变之类动荡后，现代化起步阶段的高速发展都是靠集中资源和人力来实现经济的快速增长。所以有研究者认为，"这一战略在发展初期具有一定的合理性和适用性"。中华人民共和国成立初期我国如果不实行集中统一的体制，就无法在如此短的时间里渡过难关，使国家走上现代化发展之路。

因而党和政府借鉴苏联模式并结合中国实际，构建了公有化文化体制，这一体制的基本结构主要表现为管理上的科层结构和领导关系上的党政结构。

1. 科层结构。

"科层制"也可译作"官僚制"，由德国社会学家马克思·韦伯创立，主要是指以法律法规为基础的科层制组织，进行有效行政管理的组织模式。① 具体来讲，马克斯·韦伯科层制组织理论规定的科层结构具有的本质特征主要有四点：①层级制（在一种层级划分的劳动分工中，每个官员都有明确界定的权限，并在履行职责时对其上级负责）；②连续性（借助于提供有规则的晋升机会的职业结构，公职成为一种专职的、领薪的职业）；③非人格性（工作按照既定的规则进行，而不听任于任何个人偏好，每一项事务都要被记录在案）；④专业化（官员们根据实绩进行选拔，依据职责进行培训，通过存档的信息对官员们进行控制）。科层制的价值目标就是在行政管理中效率优先兼顾公平。为了打破旧社会的资本主义剥削制度，我国在中华人民共和国成立之初建立起了一整套以平等为目标的科层制体系。在文化领域，建立了中央文化部、戏剧改进委员会、新闻总署等机构管理全国文化工作，在地方上成立教育与文化部门负责文化生产与供给，争取做到全社会享有平等的文化体验权力。

以文化部电影局为例。每年的拍摄任务由文化部电影局下达给三大电影制片厂，然后各电影厂自行组织拍摄。电影剧本由中央电影局电影剧本创作所和上海电影剧本创作所统一创作，剧本创作后先上交电影局进行审核，审批通过后再下发至各电影厂进行拍摄。当时的电影拍摄经费来源主要为国家财政补贴，但袁牧之提倡开源节流，要求各电影厂通过发行电影进行创收，以减轻国家财政的负担。在1950年7月经政务院批准后，文化部电影

---

① 王春娟：《科层制的涵义及结构特征分析》，载于《学术交流》2006年第5期。

局还颁布了《电影登记暂行办法》《电影旧片清理暂行办法》《电影新片颁发上演执照暂行办法》《国产电影输出暂行办法》《国外影片输入暂行办法》等电影法规，严格按照相关法规，规范对全国电影事业的管理。电影局成立之初，设立了电影艺术委员会、电影技术委员会，以及艺术处、制作处、私营电影管理处、发行处，按岗位分工协作，管理全国电影事业。1954年，电影局还成立了电影放映网管理处，规定全国拥有二十家以上电影院的城市必须设立电影发行公司或发行处管理当地的电影发行和上映，拥有电影院数量不足二十家的城市必须设立电影发行联络员负责电影上映事宜。在电影业，文化部电影局根据科层制原则，从电影剧本的创作、电影影片的摄制，到电影的发行上映等环节，对电影行业进行全方位管理。①

我国主要是通过功能性机构和地区性机构的双重配置来构筑科层结构的，主要表现为"条条"系统，即垂直性管理体制。从某种意义上讲，从省、市（地）、县、乡镇到单位的领导机构都是中央的派出或延伸，从单位到中央所有层次的组织在结构上都是同质的。②下级科层组织的运转是依靠自上而下的层级"势能"来推动的。下级组织是上一级的派出和代表单位，各级科层组织的权力按等级来划分，且呈现逐级递减的特征。在这种体制设计下，文化系统就形成了自上而下的文化部、文化厅、文化局层级结构，并设置同质的文化功能单位以贯通上下。

2. 党政结构。

中华人民共和国成立之初，通过对国民党官营文化资产的接收，对私营文化行业的社会主义改造以及"五五戏改"，私营的文化机构基本消失。国有电影制片厂、国有报社、国有出版社、

---

① 杨海洲：《新中国电影事业领导机关的建立和电影事业的初期发展》，载于《当代电影》1999年第3期。

② 李强：《国家能力与国家权力的悖论》，载于《中国书评》1998年第2期。

国有剧院、国有剧团、集体剧团成为文化行业的主体，党和政府在这类文化单位中设立党委，由党委决定文化单位的宣传导向、创作方向和经营路线。对于公私合营的文化单位，地方党委和政府也派驻相关党组织以加强党的领导。从而在文化行业建立了以党委为中心的党政结构，这一结构模式一直延续到文化体制改革初期。

党政结构是指中国共产党与地方各级政府的关系，① 也可以说是以中国共产党为核心的当代中国政府决策与执行结构。② 党在国家科层体系中发挥着重要作用。一是党的组织在决策和人事问题上起到决定性的作用；二是发挥协调功能，弥补了地方政权的分工所带来的部门林立、各自为政的缺陷。③

但是，建立在计划体制上的党政结构在具体的运行过程中，以及在建立社会主义市场经济体制的过程中，面临着一些挑战，暴露出一些难以调和的矛盾。如权力集中、官僚腐败，以及对部门决策的过多、过细或者越位的管理与制约，造成了效率低下和管理成本上升。

以商务印书馆为例，公私合营后的商务印书馆由公私股代表组成的董事会进行管理。改组后的董事会职能发生了重大改变，总经理制废除，改行社长制，社长由高等教育部派出，政务院任命，不再由董事会推举产生，董事会因此丧失了对出版社的编辑出版方针的决定权。公私合营后，出版总署、高等教育部、中财委各有关业务部门、华东局、上海市委，分别抽调干部，先后向商务印书馆（高等教育出版社），派出社长、总编辑、副总编辑、编辑、副经理、厂长等主要干部和一般干部43人。大体按国营出版社的组织模式，以编辑部为中心，在社长下设编辑、经

---

①③ 朱德米：《论当代中国地方政府的三重结构》，载于《地方政府管理》2001年第10期。

② 张立荣：《当代中国政府决策与执行的结构解析》，载于《华中师范大学学报》（人文科学版）2004年第3期。

理、出版三部。编辑部门设编辑行政室和五个专业编辑室；实行社长负责制，经理、出版两部是辅助部门（经理的职能因此发生根本性变化，即不再负责经管整个出版社，而只是社长的辅助管理人员）。合营后的商务印书馆，专注于编辑出版工作，发行由新华书店负责，印刷则归专业书刊印刷厂。更重要的是，作为国家出版事业的一部分，商务印书馆在经营上不再以盈利为目标，成为兼具企业和事业属性但主要作为事业单位管理的机构。①

中华人民共和国成立初的文化体制与西方的"一臂之距"管理模式不同。在西方文化治理模式中，政府与文化机构之间的边界清晰，政府不参与文化机构的运营。而我国的文化体制是一种以公权力为基础的"特定形式"。这一"特定关系"就是文化领域内的党政关系、政府与文化单位的关系。"党委领导、政府管理"是我国文化体制的基本结构。政府职能部门与文化单位之间形成的"保护—忠诚"关系模式，使文化单位缺乏相对独立的主体地位，各级党委与文化单位之间形成的"领导—服从"关系模式，使文化单位的文艺创作文化宣传均以党委的指引为导向。因而，"党政结构"是我国文化体制的"特定形式"。

（二）中华人民共和国成立初期文化体制的基本特征

在公有制基础上建立的文化体制的特征，主要表现在生产环节上的计划性、组织机构上的事业单位性质以及运行机制上的管办一体。

1. 计划体制。

中华人民共和国成立初期，我国在社会经济生产中实行计划体制，这一体制模式的形成来源于苏联模式、战时思维模式以及

---

① 杨凤城、张春燕：《商务印书馆与私营出版业的社会主义改造》，载于《中共党史研究》2010年第10期，第42~43页。

当时我国的实际情况。在中华人民共和国成立前，中国共产党领导了长期的革命和抗战，迫于军事斗争的复杂形势，中共领导下的文化成为宣传和动员群众、打击敌人的有力武器，直到中国共产党成为执政党，这种思维与经验仍然延续。此外，中国共产党与苏联共产党之间有着共同的意识形态，中华人民共和国成立初期与苏联关系友好，社会主义建设深受苏联模式的影响，在经济、文化上施行计划体制。

计划体制即国家各部门和单位自上而下地按照国家计划进行生产和运营，特点是管办不分、事企不分、党政不分。在文化领域表现为从中央到地方成立相应级别的文化组织体系。在中央设立政务院文教委员会，下设文化部、教育部、卫生部、科学院、新闻总署、出版总署和广播事业局等部门。文化部管理文化、艺术事业，新闻总署出台一系列新闻政策法规，管理全国新闻事业，出版总署管理出版业，广播事业局管理广播事业。在地方亦设立了相应的文化管理机构，文化创作、文化生产均按照上级指示进行。

在新闻出版行业，随着社会主义宣传文化体制的初创，党牢牢掌握社会主义文化的领导权，党对新闻和出版有着严格的审查制度。1952年，我国新闻业和图书出版发行进行转型与改造，形成集中统一的宏观体系格局，新闻和图书发行出版内容多为宣传党的思想路线、方针政策，以意识形态为纲，服务于国家生产规划。

在艺术团体领域，在计划体制下，艺术团体成为国家文化行政部门的派出机构，国家统一分配劳动、人事和资源，统一安排生产任务，层层分级管理，对上级负责，上级职能部门规定生产的主体和进程。

以出版业为例，商务印书馆在国家"出版专业化"政策的主导下，出版方向发生了重大转变。民国时期，"商务"作为综合性出版企业，出版物种类齐全，除教科书外，还涉及哲学宗教、社会科学、古籍整理、语言、文学、科技、历史、地理等领域。但综览其50年代初期的出版物，古籍出版几乎完全停顿，西学译著锐减，代之大量出版介绍苏联经验的政治经济类图书和包括数理科学、化学、天文学、地球科学、生物科学、医药卫生、农业、林业、工业技术、交通运输等的高等及中等技术教育课本及一般自然科学类图书。这显然是为了服务国家生产规划的需求和意识形态的导向。

2. 事业单位体制。

事业单位体制也可称为单位体制。这里所谓的单位是指"国家分配社会资源和实现社会控制的方式"。① 单位是在1949年以后中国城市社会整合过程中诞生的一种组织形式，是社会调控体系的基本单元。而单位体制是中国在革命后社会的现代化进程中诞生出来的一种社会调控体系。② 单位体制的基本内容是：个人归属于单位，而单位成为国家对社会进行直接行政管理的组织手段和基本环节。一切微观社会组织都是单位。在单位体制下，所有基层单位都表现为国家行政组织的延伸——社会的整合依靠自上而下的行政权力，单位成为行政机构的内部组织形式。单位的内在性质包括功能合一性、非契约性、资源不可流动性、家族化行为特征等。

单位体制作为中华人民共和国成立后的基本社会组织形式，在社会生活、政权组织、家国关系上都发挥着重要的功能和作用。一方面，它建构了维护新兴政权的社会组织结构，使整个国家的资源、社会主体力量纳入国家体系下；另一方面，在社会主义建设的起步期，亟待有强大的统一力量来尽快推进国家的振兴。单位制提供的社会结构形式整合了分散的社会资源，弥补了

---

① 李路路、李汉林：《中国的单位组织——资源、权力与交换》，浙江人民出版社2000年版，第7页。

② 刘建军：《中国单位体制的构建与"革命后社会"的整合》，载于《云南行政学院学报》2000年第5期。

资源总量不足，提供了调节和控制社会力量的手段。因此，单位制度不仅成为国家进行社会调控和整合的工具，还有效缓解了中华人民共和国成立初期城市就业压力，提供了社会福利保障，并塑造了计划体制下中国城市的基本结构特征。①

但单位体制的本体属性和特点又决定了它在社会变化过程中必然暴露出弊端和体制困境。首先，在向市场配置资源转轨的过程中，单位作为既得利益集团对资源具有垄断性，阻滞了资源的有效流动，从而形成了"体制内"与"体制外"两种对立体系。其次，单位制本身具有低效率特性。单位并不是真正的独立主体，而是依附于国家。在单位的生产运作过程中，资源由国家计划分配，单位缺乏自主性，积极性和主动性受到限制，从而产生了行为惰性。

在文化领域，20世纪50年代我国建立了包括广播电影电视、文化表演艺术、新闻出版发行、图书馆、博物馆行业在内的文化事业体制。在文化事业体制构建的过程中，文化行业整体上过渡为文化事业，报社、剧院、电视台、出版社等文化单位成为事业单位享受政府财政补贴。过去的艺人通过进入文化单位而获得事业单位编制，身份地位得到改善，工资福利得到保障。文化单位与员工之间的"保护—服从"关系模式得以形成，该关系模式使单位与个人之间的权力义务边界模糊，单位对个人的生活和发展负有无限责任，个人仅需服从单位的工作分配和岗位职责而无需负担单位的运行风险，单位的业绩与个人的贡献不挂钩，单位的兴衰与个人的发展不相关。这种文化事业体制在创建之初，提升了文化单位职工的社会地位，保障了文化单位职工的福利待遇，但从长远来看，极大地削弱了文化工作者的创作热情，降低了文化单位的工作效率。

---

① 何重达：《中国单位制度社会功能的变迁》，载于《城市问题》2007年第11期。

3. 管办一体。

管办一体即主管主办制度，是由中华人民共和国成立初期确立的文化事业体制衍生而来，是指从中央到地方各级政府按文化类型设置部、厅、局等行政系统并配备资源分配渠道，对国有文化企事业单位直接行使管理权的一种行政体系。其基本内容为"党政监管、干部任命、单位直属、管办一体和条块交叉"。① 管办一体的主要特征是文化单位的资产所有权归上级主管部门，文化单位的主要干部由上级主管部门任命，文化单位的生产内容由上级主管部门审批，文化单位运营情况需向上级主管部门汇报。而且存在一个文化单位隶属于多个职能部门的情况，各个领导部门关系混乱，自成一套，互不通气，虽有最高领导，但具体工作缺乏一个统一的机构进行管理，造成文化单位中某个环节由多个职能部门插手管理，或部分环节无人管理的混乱现象。这就形成了政出多门、条块交叉的局面。

管办一体最突出的特点就是管办不分。中华人民共和国成立之初的艺术管理体制受计划体制赋予的科层结构、单位制度、党政兼管的约束，艺术的发展形式不再是以艺术生产规律为准绳，而是以国家配给、命令和指示为发展原则。所有制结构单一加之国家依据"计划一切""管理一切"原则配置文艺资源、管理文化事业，使整个文化事业都纳入了国家的直接控制之中。

以艺术院团为例，在管办一体制度下，国家包办了艺术生产、文艺演出和文化交流，并对艺术院团进行直接管理。艺术院团失去了自身的自主权，不能"因团制宜"，而是等待中央或是上级部门的统一调配。从某种意义上说，演艺活动成为极具政府行为性质的活动。在功能上，文艺活动实际上更多发挥其意识形态功能，经济功能遭到漠视。意识形态功能无限扩大化的直接表

---

① 傅才武:《国有文化企业管理体制改革：从主管主办制度到出资人制度》，载于《华中师范大学学报》2014年第3期。

现就是国家通过集中力量办文化来实施意识形态教化和彰显国家形象,而将文艺活动的经济功能深深掩藏。改革开放后,社会的基础结构发生了变化,随之而来的是艺术管理体制也相应地步入了改革轨道,改革"管"和"办"的关系成为重大议题。因为经济环境的变化,政府的定位必须作出调整,要从直接"办文化"中解放出来,将"办"的权力交予具体的文化机构,把文化产品和服务的生产经营权归还给文化企业,同时放宽文化市场准入条件,吸纳多元资本进入演艺市场。与此同时,政府的"管"要从之前事无巨细的微观管理转变为宏观管理,要从具体事务管理中脱离出来转而注重管原则和管规划等,实现从独家管变为社会共管。

三、中华人民共和国成立初期文化体制的历史价值

中国社会文化体制的建立与西方不同,西方是在完成科技现代化、工业现代化之后出现的文化现代化,在工业革命之后出现了民主、人权、自由、法制等意识形态。我国文化体制则是在发挥自身现代化功能的同时动员全国上下实现的国家现代化。因而中华人民共和国成立之初我国的文化体制是一种以公有化为基础的集中制度,党和政府需要掌控各级文化传播渠道,以便及时有效地进行战争动员、生产动员、建设动员、文化动员。这种文化体制在当时的历史背景下发挥了重要的历史价值。

(一)推动新中国文化事业的恢复

国家通过接管、和平赎买、社会主义改造等多种形式,建设了一批具有社会主义性质的文化机构,创作了一批具有时代意义的文艺作品,使我国的文化事业在战后得到恢复。

中华人民共和国成立之初，全国共有公私合营报纸约315种、期刊257种，至1959年社会主义改造完成后，全国约有报纸463家、期刊851家、总印数约5.28亿册①；电台总数由中华人民共和国成立初的50余家发展至60年代的100余家，电影放映场馆由1949年的500余家发展到1965年的20 363家，电影产量每年平均40~60部；1958年国家成立中央电视台，至1972年全国共建成电视台32座。②《人民日报》、《光明日报》、《解放日报》、《新华日报》、《红旗》、上海电影制片厂、中央人民广播电台、中央电视台等大型国有媒体成为党和人民的喉舌，领导全国舆论。部分文化单位更是迎来了发展高峰，在这一阶段创作出一批具有影响力的文化作品，如20世纪50年代，上海市电影局创作的《女篮五号》《林则徐》《聂耳》《羊城暗哨》《今天我休息》《老兵新传》等影片。

在推动文化事业恢复的同时，党和政府也注重对文化宣传领域的集中管理。1952年8月，中央专门做出规定，国际时事报道和评论完全集中于中央，"统一由新华社和《人民日报》发表"，其他各报未经中央批准，"不得发表任何报道和评论"。通过结构重建和建立信息传播集中管理制度，一种自上而下的文化宣传体制自此形成，使文化宣传在党的领导下实现了高效的整合传播。

（二）建立强大的社会动员机制

塞缪尔·P. 亨廷顿曾引用卡尔·W. 多伊奇的观点对"社会动员"作了如下表述：社会动员是"一连串旧的社会、经济和心理信条全部受到侵蚀或被放弃，人民转而选择新的社交格局和

---

① 邱君玉：《现代连续出版物管理与利用》，内蒙古人民出版社2008年版，第48页。
② 中国传媒大学编：《中国现代传媒的发展》，北京语言大学出版社2013年版，第8~10页。

行为方式"的过程,"它意味着人们在态度、价值观、期望等方面和传统社会的人们分道扬镳,并向现代社会的人们看齐"。①所谓社会动员就是通过不同媒体发出同一个信息,从而引起不同社会群体和个人的价值观转变和行为转变。

在中华人民共和国成立之初,由于各级文化单位都在党和政府的管制之下,因而可以及时高效地进行社会动员,号召全体人民响应党的号召开展各项活动。以中苏友好月中苏联电影的宣传为例。1952年11月1日,即"中苏友好月"苏联影片展览开始前,上海市文艺工会电影院分会决定专门成立"苏联影片展览联合观众服务处,代办全市电影院团体订票业务,并予统一分配与调度"。②同时规定"所有电影院不再接受团体订票,只有订票有余额时作为临时门票售个别观众。票价团体照原价七折计算,个别观众八折优待"。③报道中还详细列明了每部影片的订票电话以及订票地点等信息。11月7日,《文汇报》第8版分别刊登了10部苏联彩色影片的"主题思想",强调这些影片"能使我们更好地了解苏联,并从而获得共产主义的前途教育"。④当天,上海市44家影院开始同时上映这十部苏联彩色影片。

11月15日以后,"中苏友好月"活动逐渐转向细致、深入的阶段。"工厂里的活动深入到了车间,学校里深入到了班级,里弄里深入到了每一幢房屋、每一住户,郊区的农民,也普遍受到了一次中苏友好的宣传教育。11月下旬到12月初,听过报告的群众有一百七十四万零三百五十七人,参加座谈会的有五十一万八千八百三十八人,看了苏联图片展览的观众仅中苏友谊馆等十个重点展览会和较大街道里弄的展览就有一百八十九万二千五百人。'苏联电影展览'三个星期来已经看过和已经订座尚未观

---

① [美]塞缪尔·P.亨廷顿,王冠华等译:《变化社会中的政治秩序》,三联书店1989年版,第31页。
②③④《庆祝十月革命胜利三十五周年》,载于《文汇报》1952年11月1日。

看的观众已超过四百五十万人。"① 以安远路锦绣里的居民为例，在"中苏友好月"活动中，平均每人至少看了两部苏联电影。②

正因为党和政府掌握了报纸、电影院、宣传队等各类文化单位，才能及时有效、多元并进地传递中苏友好的信息，促使人们的观念和行为发生变化，从而达到社会动员的效果。这种动员模式一经建立，便开始广泛有效地集中全社会的力量进行社会主义建设、传播社会主义意识形态。

（三）搭建新中国文化体制的基本框架

中央人民政府文化部成立之后，搭建了文化行政职能部门的基本框架，设置不同部门分管戏曲、电影、博物馆、群艺馆、图书馆、文化馆等领域的工作。文化部戏曲改进局负责制定戏曲工作政策、剧目、剧团、艺人、演出等工作，与文化部戏曲改进委员会共同负责戏改工作，1953年戏曲改进局与艺术事业管理局合并。此后，艺术事业管理局负责全国的戏曲政策、剧团登记及管理、群众艺术馆等工作。电影局负责电影剧本的创作审批、电影拍摄的规划、电影发行和上映等工作。1951年12月经政务院批准成立的社会文化事业局则主管文物、博物馆、图书馆、电化教育。1952年5月教育部和文化部联合下发《中央人民政府教育部、文化部通知》，明确教育部门和文化部门的职能分工，将各省市的人民文化馆工作划分给文化部文化事业管理局负责。③

地方上，在各大行政区设立社会文化处，在各省、市设立文教厅（局）负责管理各级文化事业。文化部文化事业管理局负责联系各省市的社会文化科及各省市的文物局，自上而下地管理

---

① 《中苏友谊馆工作汇报》，载于《新民晚报》1952年12月1日。
② 《庆祝伟大十月革命三十五周年工作小结》，载于《新民晚报》1952年12月5日。
③ 傅才武：《近代中国国家文化体制的起源、演进与定型》，中国社会科学出版社2016年版，第411页。

全国的博物馆、文物修复等文保事务以及图书馆、文化馆等社会文教事务。文化部艺术管理局与各地文化局中的艺术管理科联络，管理全国的剧团和群众艺术馆事务。电影局与各级电影职能部门联络，管理大型国有电影制片厂及电影院。

总体而言，各级职能部门的设置，在文化领域构建起自上而下的科层制管理职能系统和资源调配系统，搭建起新中国文化体制的基本框架。新中国的文化体制在体制根源上沿袭苏区文化体制，并通过重组解放区的文化事业、接收国民党官营文化资产、改造民营文化单位等途径组建文化事业，并通过设立自上而下的行政管理机构和颁布一系列文化发展法规以构建自上而下的文化动员体系，从而形成了上下一体的新中国文化体制框架。

（四）形成当代文化体制改革的历史构因

新制度经济学认为，经济社会中存在着交易成本和市场的不确定性，制度的调整和变迁可以降低交易成本和市场的不确定性。文化体制的构建也是一种为了降低市场交易成本和控制市场不确定性而进行的制度调整过程。中华人民共和国成立之前，苏区、抗日根据地、解放区的公有化文化组织模式对革命的胜利起到了至关重要的动员作用，体现为宣传功效上的溢出效应。基于此，在中华人民共和国成立之初，党和政府决定沿袭苏区、抗日根据地、解放区的公有化模式，由政府主管主办电影厂、图书馆、博物馆、群艺馆、文化宫、广播电台、报刊、出版社等文化机构，将所有的文化机构纳入公有化管理，使其进入事业单位序列。这样党和政府便可以自上而下地控制传播渠道和宣传口径，可以集中一切资源进行意识形态宣传和生产建设宣传。

根据诺斯的观点，制度变迁存在路径依赖现象，当一种制度形成，会出现制度报酬递增和制度报酬递减两种情况。我国在中华人民共和国成立之初选择的意识形态化文化体制出现过短暂的报酬递增。在中华人民共和国成立初期，各类文化机构在党和政府领导下进行社会主义文化创作，极大助推了基层文化普及，文化领域呈现出短暂的繁荣。但是随着文艺机构的增加、文化供给成本的增加，政府财政支出与文化生产效益逐渐出现倒挂，文化体制开始呈现出阻碍文化生产的情况，进入制度"锁定"状态。自20世纪50年代到1978年改革开放前，我国社会的政治结构和经济结构基本没有发生变化，文化体制长期处于制度锁定阶段，形成了制度固化。直到1978年后，社会经济结构逐步发生变化，文化体制的制度供给已经无法跟上社会经济环境变化，政府才开始调整文化政策，进入文化制度变迁的新阶段。

因此，中华人民共和国成立初期建立起来的文化体制既在特定的历史时期和历史条件下发挥了积极作用，但又存在及时调整和优化不足的问题，构成了改革开放以来文化体制改革的历史基础。

第二章

中国文化体制改革的起步阶段
(1978~1991年)

1976年"四人帮"被粉碎后,文化领域开始全面拨乱反正,文化机构得以恢复,文艺队伍得到重建,文艺创作与研究工作回到正轨,我国的文化事业开始进入改革发展的新阶段。从1979年提出"调整事业、改革体制""事业单位、企业化管理",1983年推行"承包制"改革,1987年实行"以文补文""多业助文",到1988年探索"双轨制"和确定文化市场的合法地位,文化领域从管理体制、运行机制、发展模式等方面全方位地探索改革发展道路,推动了我国文化事业的进一步发展,也初步奠定了改革开放后我国文化管理体制和运行机制的改革方向。

一、拨乱反正与文化事业的恢复

"文革"期间,我国的文化艺术事业受到严重破坏,大批文艺团体被解散,大量文艺人员遭迫害、文艺作品被封禁,部分文化管理机构也被撤销,文化事业的发展整体陷入停滞状态。改革开放后,随着真理标准问题探讨的推进,人们开始重新思考文艺与政治的关系,在批判"四人帮"的"文艺黑线专政"论的基础上,全面开启了文艺战线的"拨乱反正"工作。我国文化事业开始进入恢复发展的新阶段。

（一）文化领域的"拨乱反正"

文化领域的"拨乱反正"主要是从文艺人才与作品、文化艺术机构两个方面展开。

一方面是平反冤假错案，解放知识分子，解禁文艺作品。党的十一届三中全会后，全党重新确立了解放思想、实事求是的思想路线，为冲破"两个凡是"的禁锢、推动文化领域的整顿改革奠定了理论基础。在此背景下，中共中央组织部于1978年分批召开了落实知识分子政策的座谈会，随后发布了《关于落实党的知识分子政策的几点意见》（以下简称《意见》），《意见》提出要正确认识知识分子在实现四个现代化中的重要地位和重要作用，继续做好复查和平反昭雪冤、假、错案工作，同时强调对知识分子要充分信任，放手使用，做到有职有权有责；调整用非所学，做到人尽其才，才尽其用；努力改善他们的工作条件和生活条件。座谈会的召开和《意见》的发布为全国范围内平反冤假错案起到了积极的推动作用。会后，中国作家协会随即成立"复查办公室"，对作协机关内受历次政治运动诬陷、迫害的知识分子进行复查，1957年作协被定为"右派"的30人经过复查，全部予以改正；在"反右斗争"中，因"右倾错误"而受到各种党纪和行政处分的人员，经复查属于错判的，均撤销了原处分。同时，对有各种政治历史问题的人员，凡属于错案，均予以平反，一大批受到错误批判的文艺人才被平反、恢复名誉。1979年12月，《文艺报》和《文学评论》编辑部联合召开了文艺作品落实政策座谈会，为一些受到错误批评的文艺作品平反，相关小说、戏剧、电影等作品陆续被解禁，文艺人才的困难扶助和影响消除工作也积极开展。此后，"文革"中受到迫害的知识分子纷纷回到原属单位，为文艺队伍的恢复和重建奠定了人才基础。

另一方面是恢复重建宣传文化领导机构和文艺团体，推进文化管理体制的正常化。"文革"期间,受"文艺黑线专政"论的影响,中央文化管理部门或被打倒或被撤销,全国范围内大多数文艺团体相继被撤销。"文革"结束后,国家重新确立了"百花齐放、百家争鸣"的文艺方针,中央文化管理机构和各级文艺团体逐步得到恢复重建。1977年10月,中共中央决定恢复中共中央宣传部,重新掌管全国宣传、文化、出版工作中的路线、方针和政策问题;同年,"文革"的"重灾区"——文化部也开始全面推行整顿工作,中央文化管理机构的运行开始走向正轨。在中宣部和文化部的推动下,文艺界的相关领导机构和团体也迅速得到恢复重建。1978年,中国作协、文联等文艺组织相继得到恢复;同年,经中共中央批准,文化部决定恢复其所属艺术表演团体的建制和名称,中国京剧团恢复为中国京剧院,中国话剧团恢复为中国青年艺术剧院、中国儿童艺术剧院和中央实验话剧院,等等。① 此后,全国各地的艺术院团也陆续得到恢复。如江苏省1965年年底全省共有24个剧种的195个剧团,到1979年年底,已有22个剧种的155个剧团得到恢复。② 文化领导机构和文艺单位的恢复,推动文化管理体制机制步入正常发展轨道。

(二) 文化事业的恢复重建

随着文化领域拨乱反正工作的推进,文艺工作者的信心得到了极大振奋,国家文化事业出现了复苏和空前的繁荣,文学艺术、新闻出版、广播影视、对外文化交流等文化艺术领域迎来了"文革"后的第一个"春天"。

在文学艺术领域,"文革"时期确定的"文艺为政治服务"方针被摒弃,涌现出一批以反思"文革"为主题的文学作品,

---

① 中华人民共和国文化部办公厅:《文化工作文件资料汇编(三)》,文化艺术出版社1988年版。

② 张庚:《当代中国戏曲》,当代中国出版社1994年版。

戏曲作品和演出也日渐丰富。"文革"后,"反思"成为文学作品聚焦的核心主题,以短篇小说《班主任》、报告文学《哥德巴赫猜想》、诗歌《回答》等为代表的作品,对"文革"中极"左"路线对社会和人民造成的伤害进行强烈控诉,在当时的社会环境下引起了巨大轰动,对刚从"文革"中走出来的人们产生了十分重要的影响和启发,这类作品被统称为"伤痕文学""反思文学""文学寻根",成为"文革"后文学创作发展的开端。同时,随着文艺院团和戏曲队伍的恢复重建,戏曲创作与演出也得到迅速发展,"八亿人民八个戏"的时代日渐被多种多样的戏剧剧目所替代。1978年6月,中宣部转发了文化部关于恢复优秀传统剧目的请示报告,传统剧目开始恢复上演,到1979年下半年,各地上演的传统剧目普遍占全部演出剧目的大多数。1979年,北京共演出剧目214个,天津共演出262个,上海共演出549个。① 与此同时,艺术院团的演出场次和收入情况逐年递增。以河北省为例,1977年全省206个剧团演出2.29万多场,收入510多万元;1978年演出4.45万多场,收入779万多元;1979年演出6.11万多场,收入1 075万多元。②

在新闻出版领域,市场化改革也取得初步成效,出版发行数量、质量及经营创新等方面都出现了质的提升。改革开放初期,面对新闻出版行业衰退、萎缩的状况,以邓小平为首的新一届中央领导集体加快恢复出版社、印刷厂等新闻出版单位,积极推动新闻出版行业的恢复整顿工作和市场化改革。1983年6月,中共中央和国务院出台《关于加强出版工作的决定》,指出"出版事业的发展必须贯彻改革精神,打破不能适应新形势的老框框,创立新章法,调动一切积极因素,解放生产力,促进编辑、印刷、发行的能力较快增长并协调发展。"新闻出版行业开始率先在全国尝试企业化管理改革。经过改革开放初期的探索,我国发

---

①② 张庚:《当代中国戏曲》,当代中国出版社1994年版。

第二章 中国文化体制改革的起步阶段（1978~1991年）

行市场逐步放开，一大批新型报刊也相继创建，新闻出版行业开始呈现出日渐繁荣的景象。1981年至1991年，报纸种类由476种增至1 514种，年发行量由1 591 764.5万份增至2 130 642万份，报纸种类增长约三倍，报纸发行量增长约两倍①，到1992年，整个新闻出版行业的生产力比1978年提高了10倍多，一个包括编辑、印刷、发行、教育、科研、物资供应、对外贸易等门类较为齐全、布局较为合理的出版系统已基本形成，"文革"导致的"书荒""报荒"等问题得到了有效改善。

在广播影视领域，广播与电视公共服务快速发展，电影创作也迎来新的高峰。1983年，第十一次全国广播电视工作会议确定了"四级办广播、四级办电视、四级混合覆盖"的广播电视事业发展方针。次年，广播电视部发布《广播电视部关于市、县建立广播电台、电视台的暂行规定》，明确规定企事业单位、集体经济组织、机关、学校、部队在广播电视系统统一规划下，可以办调频广播转播台、电视转播台。这一政策的出台极大地调动了地方和社会各方办广播电视的积极性。此后，广播电视事业快速发展，形成了中华人民共和国成立以来广播电视事业发展的最快时期。1980~1992年，全国广播发射台、转播台从582座增长至1 645座，全国广播人口覆盖率由30%提高到70%；收音机、录音机的社会拥有量由1980年的1.24亿台增加到3.59亿台；全国电视台从38座增长至586座，电视节目由40套增长至644套，全国电视人口覆盖率由17%提高到71.5%，② 人民群众享受到前所未有的丰富的广播电视服务。同时，我国的电影行业也迎来了"文革"后的第一个高峰，到90年代初已基本建立起一支拥有50多万人的专业队伍，1992年全国共有故事片、美术片、

---

① 中国社会科学院新闻研究所：《中国新闻年鉴（1992）》，中国社会科学出版社1992年版。

② 李素亭：《中国第三产业年鉴（1993）》，中国统计出版社1993年版。

科教片、新闻纪录片等定点生产厂家22家，年产故事片170部，比1980年的52部增加1.1倍；电影发行放映网点已覆盖全国广大城乡，县级以上电影发行放映公司达到2 600多个，各类放映单位13.4万个，其中专业电影院3 000多座，5万多个农村售票点，形成了以国营和集体为主体、个体为补充的多种经济成分和经营方式组合的电影放映网络。① 同时在电影创作方面，第三、四、五代导演竞相争辉，创作出了《芙蓉镇》《红高粱》《黄土地》《我们的田野》等一大批反映多元主题的优秀电影作品，部分作品还在国际上斩获奖项，对推动中国电影、中国文化走向世界作出了重要贡献。

在对外文化交流方面，法律与制度环境不断优化，以文艺演出为代表的文化交流活动迎来新的局面。1982年，第五届全国人民代表大会第五次会议通过的《中华人民共和国宪法》明确提出将"发展同各国的外交关系和经济、文化交流"作为我国外交政策的基本原则。此后，随着改革开放的逐步深入，我国的对外文化交流事业开始进入日益繁荣的崭新发展阶段。1978年8月，中国派出了"文革"后第一个以京剧节目为主的大型艺术团赴美国访问演出。1979年，上海京剧团在西欧五国进行访问演出，北京京剧团在土耳其、希腊、突尼斯访问演出，中国京剧院先后在朝鲜、日本、加拿大和中国香港访问演出，等等。1991年，江泽民同志在庆祝中国共产党成立七十周年大会上进一步指出，"我们必须积极吸取人类所创造的一切优秀文化成果，把它熔铸于有中国特色社会主义的文化之中"。国家宪法与中央层面的重视推动了对外文化交流政策的不断充实和完善，此后，我国与世界各国政府间的文化交流合作日渐密切，对外文化交流的范围也越来越广，涵盖了文化、艺术、新闻、出版、影视、文物、旅游、科技、民俗、宗教、博物馆等各个领域；文化交流形式也

---

① 李素亭：《中国第三产业年鉴（1993）》，中国统计出版社1993年版。

逐渐丰富，如在表演艺术展演中出现了有偿展演、商业展演、展销结合等形式；在交流活动组织方式上出现了文化日、文化周、文化年、博览会、文艺比赛等多元形式；在专业人员互访中，出现了考察、讲学、研讨、进修合作等形式,[①] 中国的对外文化交流逐渐形成多层次、多渠道、多形式的繁荣局面。

二、文化机构的"试错性"改革探索

我国文化体制改革的重要特征之一就是"从基层发动、从实践创新开始"。改革开放后，为改善计划经济时期存在的诸多体制机制问题，解决文化艺术领域发展所面临的经济困境，各地、各行业及相关文化艺术单位从经营、管理等方面入手，进行了诸多"试错性"改革，探索出了包括承包经营制、"以文补文""多业助文"以及"事业单位、企业化管理"等多种方式在内的发展路径和改革模式，有效地推动了这一时期我国文化艺术领域的思想解放和事业发展。

（一）承包经营制尝试

改革开放初期，随着拨乱反正工作的推进，大批文艺工作者回归岗位，机构重叠、人员膨胀、经费不足、机制不畅等问题日渐突显。为了解决这些问题，改善在长期计划经济体制下产生的"统得过死"和"吃大锅饭"等体制弊端，文化领域开始借鉴经济体制改革的经验，在文化单位推行以承包经营责任制为主要内容的改革。这一改革肇始于艺术表演团体。

1981年4月，北京京剧院以一团一队为试点进行了承包经营制改革试验。改革的基本举措是：确定演出队的全民所有制性

[①] 曲润海、郑琅:《改革开放中的文化艺术》，人民出版社2000年版。

质不变，队员政治待遇、福利、医疗、退休等与国家职工相同，但在经营管理上实行补贴大包干和基薪分红的办法。国家拨给试点队全体成员基本工资的70%作为基薪，其他一切开支由演出收入解决。该队从纯收入中给每人补齐30%的基本工资后，再提出30%作公积金，10%上缴院部，余款用于分红。个人分红多少，原则上不以现有工资级别为基准，而是取决于每个人所作贡献的大小。① 京剧表演艺术家赵燕侠负责改革试点工作。在试点两期16个月的时间里，该演出队到7省18个城市巡回演出360多场，上演40多个剧目，共计收入27万多元。除演出开支外，积累公积金2.8万多元，国家少补贴10万多元，在巡演期间每人每月平均分红50元左右。② 改革试点工作不仅增加了演出场次，提高了艺术表演队伍的经营能力，还增加了青年演员的实践机会。

赵燕侠承包北京京剧团在全国引起了强烈反响。随后，"承包制"开始在全国许多院团中推行开来。1983年，时任文化部部长朱穆之发表了著名的"元旦谈话"，他指出："农业改革的基本精神与原则一般也适合于文化艺术事业，就是要实行责任制，联产承包。"1985年，中央办公厅、国务院办公厅转发文化部《关于艺术表演团体的改革意见》，指出目前我国艺术表演团体的体制和领导管理工作存在许多弊端，已经不适应艺术事业的发展和"两个文明"建设的需要，必须有领导有步骤地进行改革，该《意见》明确提出必须扩大艺术表演团体的自主权，切实贯彻责、权、利三统一的原则；将剧目上演权、用人权和财权下放给剧团，实行承包责任制。以承包经营责任制为主要形式的艺术院团改革路径正式全面施行。到1985年上半年，全国有三

---

① 章培、王文章：《剧团体制改革是开创戏曲工作新局面的关键》，载于《戏剧报》1983年1月31日。

② 赵燕侠：《改革给国营剧团带来了兴旺》，载于《财政》1983年第3期。

第二章　中国文化体制改革的起步阶段（1978~1991年）

分之二以上的专业艺术表演团体实行过承包经营责任制。① 虽然各地探索承包经营的方式有所不同，但都坚持以承包制为核心，部分院团还兼顾人员结构、分配奖励等体制内容调整，大多数实行承包制的艺术表演团体都曾取得显著成效。

1983年12月底，文化部党组在给中宣部的《关于艺术表演团体实行承包经营责任制情况的报告》中指出，1983年以来，"全国除新疆、西藏等部分少数民族地区以外，各省、市、自治区文化部门大多以戏曲剧团为重点，试行了多种形式的承包经营责任制的改革"。报告指出，试行承包经营责任制取得较好成效的剧团，主要有以下特点：第一，改革目的明确，通过消除现有的弊端，充分发挥演职人员积极性创造性，出人出作品，而不是为了多捞钱或谋私利；第二，做到了责、权、利相结合；第三，坚持按劳分配，克服平均主义；第四，注意建立和健全符合社会主义艺术生产规律特点的规章制度；第五，加强思想政治工作。报告认为，在经营管理上实行承包责任制对全国许多艺术表演团体是可行的，要在认真总结经验的基础上，从各地实际出发，有领导有步骤地推广。②

此后，承包经营责任制开始在全国范围更为广泛地推广开来。四川、广东的一些剧团以"定额补助，经费包干，联产到团，责任到人，部分工资浮动"为原则开始实行承包经营制。贵州省从演出场次、经济收入、重点剧目的创作排演、学院的培训辅导等多方面推行承包经营制，主管部门对剧团和剧团对承包队、组，在经费上实行包干补助，或按农村演出场次作定额补贴。1983年春以后，浙江省111个专业戏曲剧团有46个试行了承包经营责任制，其中试行时间较早的金华地区，14个专业剧

---

① 康式昭：《中国体制改革全书·文化体制改革卷》，大连出版社1992年版。
② 王文章：《艺术体制改革与管理初探》，华夏出版社1993年版。

团已经承包了 12 个①，据统计，金华区试行承包的剧团 1983 年 1 月至 5 月完成的演出收入，除去演出开支以及补足百分之二三十的浮动工资、演职员的各种补贴、分红等项支出外，共提取了 7 万多元集体积累。② 天津市在 1986 年改革的过程中推行多种形式的经营承包责任制，如天津轻音乐团的"独立核算，自负盈亏"；天津市曲艺团、杂技团的"一团两制"（局对剧团实行定额补助，剧团对所属的队实行承包）；天津人民艺术剧院对剧组（即排演一个戏而组成的剧组）实行承包；京剧三团的阶段性承包（剧团对演员定任务、定场次、定收入）等③，这些形式通过试行均取得了良好效果。总体而言，1980 年代初期实行的承包经营在范围上主要集中在地、县级艺术表演团体，省级和中央的院团并没有全面展开，只进行了少量试点。④ 但不可否认，经营承包责任制在院团改革初期取得的成效是值得肯定的，承包经营的实质在于"它开通了将精神产品纳入整个社会流通领域的渠道"⑤，打破了大锅饭、平均主义等传统体制，为进一步的改革奠定了基础。

在艺术表演团体改革的引领下，其他文化领域也开始实行承包经营制改革。在电影行业，1984 年《街上流行红裙子》摄制组首先提出了承包方案，此后全国各地的电影发行放映单位开始普遍探索实行承包经营制。到 1985 年底，大部分电影制片厂都实行了承包责任制。⑥ 1986 年，广播电影电视部发布《关于加强当前电影放映工作的若干意见》，肯定了电影放映单位实行承包

---

①② 丁雪萍：《金华地区专业剧团试行承包经营责任制情况调查》，载于《光明日报》1984 年 3 月 6～9 日。
③ 谢国祥：《天津剧团体制改革的若干作法》，载于《戏剧报》1987 年第 11 期。
④ 杨雄：《艺术表演团体体制改革历程及展望（上）》，载于《中国文化报》2003 年 6 月 7 日。
⑤ 焦勇夫、许柏林：《艺术表演团体体制改革的核心问题》，载于《戏剧报》1984 年第 10 期。
⑥ 蒯大申、饶先来：《新中国文化管理体制研究》，上海人民出版社 2015 年版。

第二章　中国文化体制改革的起步阶段（1978～1991年）

责任制的举措，并强调要"继续进行改革的试验，总结改革的经验"。1989年，广播电影电视部和财政部联合发布《关于试行承包电影发行收入基数的通知》，提出要按照"包死基数、确保上缴、超收多留、欠收自补、完成有奖"的原则，将中国电影发行放映公司与各省、自治区、直辖市和重庆、广州等具备条件的电影发行放映公司当时执行的按发行收入分成和超计划分成的经济分配办法改为发行收入基数递增承包的办法，进一步完善承包经营制，促进电影制片与发行企业的发展。在这些政策的推动下，各地从财务制度、分配制度等多方面入手推进承包经营制改革。1987年，陕西省电影发行工作改省公司一级核算为省、市、县三级核算，将财务体制进行下放，这一举措有效地推动了承包经营制的实行，以陕西省宝鸡市为例，全市11个公司中就有8个实行了承包经营制。①哈尔滨市电影公司也积极推行公开招标，以机会均等、竞选投标、择优承包、优化组合为原则，公开招聘基层影院负责人，同时采取配套措施，在全市影院推行"一包五保三挂钩"（承包制；保社会效益，保经济效益，保固定资产增值，保影院改造，保职工队伍素质提高；总收入与工资总额挂钩，利润与奖金挂钩，发行收入与超场补助挂钩）经营责任制，使影院从单项承包向全面承包发展。影片发行方面，实行片租浮动制，变死租为活租，调动了基层影院和厂矿开放俱乐部的积极性。1988年，在3家影院停业改造的情况下，公司影片放映任务完成113 013场，发行额达到872万元，创历史最高水平。②贵州省为鼓励电影发行放映单位进行承包经营制改革，从分配方式上加大激励力度：一是实行结构化工资，基础工资仅占30%，浮动工资占50%，如贵阳市电影发行公司实行"一保二挂三包"政策，定额包干，岗位承包，将工资与效益挂钩，政策实

---

① 容铎：《承包热中的思考》，载于《电影》1989年第8期。
② 王业篷：《哈尔滨年鉴（1989）》，黑龙江人民出版社1989年版。

施后职工全年的出勤率达到 98.6%；二是拉开奖金档次，按贡献大小、技术高低、服务态度来分配收入，多劳多得，如 1988 年紫云县公司在发年度超利润奖金时，县公司经理、影院经理分别奖励 300 元与 200 元，职工则按 160 元、130 元、90 元三个等级分配，奖金分配档次的拉大有效地提高了员工的积极性和主动性。①

新闻出版行业也在改革开放初期实施过短暂的承包责任制改革。1988 年，中宣部和新闻出版署联合发出《关于当前图书发行体制改革的若干意见》，提出要建立和发展开放式的、效率高的、充满活力的图书发行体制，要继续完善和发展以国营书店为主体的、多种流通渠道、多种经济成分、多种购销形式、少流通环节的"三多一少"新格局，推进"三放一联"，即：放权承包，搞活国营书店；放开批发渠道，搞活图书市场；放开购销形式和发行折扣，搞活购销机制；推行横向经济联合，发展各种出版发行企业群体和企业集团。同年发布的《出版社改革试行办法》也肯定了改革开放初期出版行业在承包责任制方面进行的探索，提出要"继续试行和完善出版社内部的各种承包责任制"，"出版社可进行试点，由编辑室主任或编审组织人员，建立适当形式的责任制集体。有条件的出版社可以试行向国家（上级主管机关）的承包经营责任制。承包的主要内容，应包括出书的品种、质量、数量和利润"，并强调"编辑部门试行承包责任制时，要有保证社会效益的要求和措施，不允许不顾出版方针和图书质量，片面追求经济效益。"随后，全国图书发行部门开始普遍推行"三放一联"的新方针，经营管理得到了明显改善，1988 年国营书店的劳动生产率比上年增长 18%，固定资产 8.9 亿元，比上年增长 11.8%，利润总额增长 24.1%，利润率增长 1.47%，

---

① 扶犁：《整顿承包秩序、完善承包制度——谈电影发行放映单位的承包责任制》，载于《电影》1989 年第 8 期。

全国新华书店的库存书17.4亿元,剔除涨价因素,比上年减少25%。① 然而,出版行业的放开也使得尚未成熟的图书市场面临严峻的发展形势,如色情读物泛滥、社会集团购买力压缩、书价上涨、多渠道竞争激烈等,加剧了发行主渠道的经营困难。因此,出于意识形态管控和社会效益的考虑,1992年1月,新闻出版署署长宋木文在全国新闻出版局长会议上明确提出:"编辑室和编辑个人不要搞承包,因为不利于保证社会效益",此后,许多出版社用目标责任制代替了承包责任制。

(二) 以文补文与多业助文

在艺术表演团体通过实行承包经营责任制来维持院团正常运转的同时,以新闻传媒为代表的文化单位开始推行"以文补文""多业助文"等改革措施来扩大经营范围,解决资金来源问题。1987年,文化部、财政部、国家工商管理局下发了《关于颁发〈文化事业单位开展有偿服务和经营活动的暂行办法〉的通知》,对"以文补文""多业助文"等改革措施进行了明确规定,提出"文化事业单位可根据各自的业务特点和社会需要,作为本身业务的延伸,开展各项有偿服务活动。如开展复印、影印、缩微、装订业务,编印科技、艺术、文物资料,提供音像资料和科技、文化艺术咨询,举办各种专业讲座、辅导班、培训班、舞会、音乐茶座,从事录像放映、书画展销、戏装租赁、乐器维修、美容化妆、艺术摄影、群众文艺演出和文体活动等类项目。""文化事业单位为了方便参加活动的群众,也可以开办一些服务性的经营项目,如开设小卖部、冷热饮食部、招待所、餐厅。还可从事艺术演出器材、音像制品、图书馆设备用品的制作和自销业务,以及文物复制、工艺美术、广告、装潢、服装道具的设计和加工

---

① 中国社会科学院新闻研究所:《中国新闻年鉴(1992)》,中国社会科学出版社1992年版。

等类项目的经营活动。有的单位,特别是艺术表演团体,为了安置富余人员,可以继续兴办服务业和加工业等企业。""举办经营性活动的项目,一般均应作为事业单位的附属单位或网点,实行独立核算自负盈亏。附属单位或网点的留利,事业单位可以从中合理分成。事业单位分得的部分,应纳入预算内管理,用于发展事业。附属单位或网点的留利,应设立三项基金,大部分用于发展经营活动,其余用于福利和奖励。"

在国家政策的鼓励下,各个文化行业积极推进经营方式的改革。在新闻出版领域,1988年,新闻出版总署和国家工商行政管理局出台《关于报社、期刊社、出版社开展有偿服务和经营活动的暂行办法》,提出报社可结合自身条件,发挥信息、技术、人才、知识和设备优势,开展国家政策允许的与本身业务有关的有偿服务和经营活动,同时也规定报社"可以结合本身业务和社会需要,兴办经济实体"。这一政策意味着国家将对出版行业放松管制,鼓励其进行经营探索提高自身的经营能力。在改革政策的推动下,新闻出版业取得了明显的改革成效。如在经营创新方面,《洛阳日报》《武汉日报》《天津日报》等相继实施自办发行,至1989年全国已有29家报社实现自办发行,自办发行改善了报纸投递质量,有效地提升了经营效益。在报纸创收方面,广告收入由1983年的0.733034亿元增至1991年的9.618756亿元[1],增长率达961.88%。

在广播影视行业,各地在广播事业机构调整的基础上,积极出台相应的改革政策,探索经营模式的改革创新。1979年上海电视台为弥补进口设备经费不足开播了新中国历史上第一条商业广告——"参桂补酒"。1983年1月,中国人民广播电台开创《大众经济》栏目、1982年广东电视台开办《市场漫步》栏目,

---

[1] 中国社会科学院新闻研究所:《中国新闻年鉴(1992)》,中国社会科学出版社1992年版。

第二章 中国文化体制改革的起步阶段（1978~1991年）

此外中央台还开办了服务、科教、体育、少儿、文艺等栏目以满足观众需求。1986年，广东省广播电视厅、台经过较长时间的酝酿，经广东省委和广播电影电视部批准，进行了一次大胆尝试：把原来的广东二台改造成了一个大众型、信息型、服务型、娱乐型的广播电台，这就是1986年12月15日开创的珠江经济广播电台。①

与此同时，基层群众文化机构也通过多种渠道积极开展有偿服务，自筹资金进行文化设施建设，助力群众文化事业发展。如1988年苏州市金阊区文化馆、文化站两级文化事业单位通过改装大屏幕投影电视、装饰舞厅设施、开办商店等方式发展补文助文项目，年度总营业额达156万余元，上缴国家税收5.6万元，积累13.6万元，用于开展群众文化活动及添置文化设施的经费近28万元，②有效地推动了全区群众文化事业的发展。湖南省醴陵市下属文化馆、图书馆、博物馆、电影公司等7个单位，为了解决文化事业经费不足，积极开展"以文补文、多业助文"活动，1984~1988年，"以文补文、多业助文"活动总收入达264万元，利润63.6万元，所获利润为财政同期预算拨款总额的87.3%。1988年，各单位进一步经营装潢广告、日用瓷、电视录像、文化用品、舞会、旱冰场、汽车运输、复印、陶瓷颜料等20个项目，总收入达206.4万元，纯利润33.5万元，其中仅乡镇文化站的总收入就达103.4万元，利润达10万元，被评为全国以文补文先进单位。③山东省淄博市为推进以文补文改革，1987年先后制定了《淄博市文化市场管理暂行规定》《有偿服务多种经营管理暂行规定》等9个规范性文件，提出了"繁荣文化、服务社会、改善设施、富裕职工"的工作方针，1988年，

---

① 罗弘道：《从"机关型"到"大众型"——珠江经济广播电台的改革之路》，载于《中国广播电视学刊》1988年第3期。
② 叶万忠：《苏州年鉴（1989）》，中国大百科全书出版社上海分社1991年版。
③ 刘献国、江鸥、文伯中：《株洲年鉴（1989）》，方志出版社1989年版。

全市文化单位在原有450多个项目的基础上，新增商店、工厂、养殖、种植、饮食服务等30多个多业助文项目，举办各类有偿学习班、培训班1 200多期，全市总收入达128.27万元，同比增长3.5倍，其中，市群艺馆、图书馆等7个单位的纯收入超过财政拨款经费。①

表演艺术院团也积极开展"以文补文"活动。以杭州市为例，为克服资金困难问题，全市积极推进院团的经营活动，如杭州话剧团广开门路筹集资金，与江南电热灭蚊器厂和市电视台合作拍摄电视剧；杭州歌舞剧团发展多种经营，1989年全年共创收62万元，其中，钢琴服务、文化艺术服务、综合商店的收入就达40万元。② 西安话剧团也通过创办工厂、经营商店、参加影视拍摄等方式开展经营活动，1990~1992年，多种经营收入51万元，有偿服务收入21万元，其他收入6万元，三年间累计收入77万元，取得了良好的社会效益和经济效益，被评为陕西省以文补文、多业助文先进集体。③ 上海市也积极通过以文补文活动来反哺文化艺术事业的发展，如上海京剧院成立文化生活经理部，利用练功排练厅晚上空余时间组织舞会和举办内部录像资料片放映，并开办小卖部、改建餐厅和增设招待所等，平均每年有10多万元支持新戏的创作和开排；上海越剧院成立越友艺术生活服务公司，开办餐厅、戏剧造型摄影部以及艺术沙龙、装演部等，其收入的55%用于剧院艺术生产投资，使越剧院从亏损到实现收支基本平衡；与此同时，上海市文化局所属的艺术表演团体至1989年底基本上都与工矿企业建立了合作关系，还首创了国内文艺单位与外国在华独资公司联营办团的形式，如上海红楼越剧团与泰国正大集团汕头投资有限公司"联姻结亲"，在3年

---

① 刘起钊：《山东年鉴（1989）》，山东人民出版社1989年版。
② 马梅初：《杭州年鉴（1990）》，杭州大学出版社1990年版。
③ 王建廷、赵璧：《西安年鉴（1994）》，陕西人民出版社1994年版。

联姻期内,该公司每年无偿提供剧团20万元经费和帮助更新剧团设备,① 有效地缓解了艺术表演团体所面临的经济困境。沈阳也积极发展经济文化联合体来解决剧院团的场地和资金问题,1988年,市文化局直属的7个剧院团与工厂企业建立的经济文化联合体已发展到了13个,市演出公司和所属剧场也建立了各种演出联合体和经济文化联合体33个,② 不仅解决了剧院团的燃眉之急,也有效地满足了广大群众的文化生活需求。

在各个行业的齐力推进下,"以文补文""多业助文"改革取得了良好成效,到1991年,全国用"以文补文"发展文化事业的资金达8.9亿元,占全国文化事业经费总支出的31%,为繁荣社会主义文化事业作出了突出的贡献。③ 同年,文化部、财政部联合召开全国"以文补文"经验交流会,会议对近几年开展以文补文活动较为突出的19个文化主管部门、20个财政部门、81个先进单位和18名先进个人进行了表彰,时任文化部副部长高占祥还作了题为《努力把以文补文事业推向一个新阶段》的报告,报告肯定了以文补文所取得的成就,指出以文补文的开展极大地促进了文化事业的繁荣、文化市场的发育和文化艺术生产力的解放与发展,不但为文化事业单位增加了收入,也为国家增加了财富,并强调以文补文是发展文化事业的长期方针,应继续坚定不移地开展以文补文活动,多渠道、多形式、多办法助力以文补文迈上新台阶。

(三)"事业单位、企业化管理"探索

在试行承包经营制、"以文补文"等经营管理机制改革的基础上,政府以"事业单位、企业化管理"改革为核心,在文化

---

① 徐之河、凌岩:《上海经济年鉴(1990)》,三联书店上海分店1990年版。
② 轩维平:《沈阳经济统计年鉴(1989)》,中国统计出版社1989年版。
③ 傅东、郑维桢:《以文补文 方向对 效果好——文化部、财政部联合开全国以文补文经验交流会》,载于《财务与会计》1992年第10期。

事业单位内部启动了进一步的分类改革。这一改革肇始于传媒领域。1978年底,因财政补贴不足,《人民日报》等8家首都报纸向中央有关部门提交实行"事业单位,企业化管理"的报告。次年初,财政部批准《人民日报》等单位的改革要求,随后发文在全国新闻业中推广"事业单位,企业化管理"的模式。《人民日报》改革的引领和中央层面的动议推动了新闻传媒领域的企业化改革进程。1979年元旦,上海电视台播出了中国电视的第一条商业广告,9月中央电视台播出了第一条外国商业广告。同年底,中共中央宣传部发布《关于报社、广播电台、电视台刊登和播放外国商品广告的通知》,标志着我国新闻传媒领域正突破单一的意识形态功能,向宣传与经营并重、双轨制运行的方向发展。此后,报纸、电视、广播、杂志等四大主要新闻传媒相继加入了经营管理体制改革的行列。

到20世纪80年代中期,新闻出版行业已经转变传统的机关办报模式,全面实施"事业单位,企业化管理",走上了"自主经营、自负盈亏、自我积累、自我发展"的道路。据统计,截至1992年,全国已有1/3的报社实现了自负盈亏,① 并且在经营管理改革实践中取得了巨大的社会效益和经济效益。如1986年,湖南省制定了《关于实行事业单位、企业管理、增收节支、提成发奖内部改革办法若干问题的暂行规定》,采取先试点、后全面的方法,在广播电视领域的省厅机关和直属单位推行"事业单位、企业管理"改革:财务上实行"分灶吃饭,定额包干,节余留用,超支不补"的办法;奖金福利分配上按"六二二"比例提成,坚持按劳分配;人事上引进竞争机制,打破干部制度上的大锅饭,等等。改革取得了良好的成效,1984~1988年五年间仅厅直属单位就创收4 150万元,其中,1988年的创收额相当

---

① 陈廉:《经济转型与思想转轨》,载于《中国广播电视学刊》1994年第3期。

第二章 中国文化体制改革的起步阶段（1978～1991年）

于财政拨款的171%，①有效地缓解了经费不足的问题。试点改革取得成效后，湖南省将改革经验在全省广播电视系统进行推广，各地相继进行"事业单位，企业化管理"的改革，取得了较为突出的成效。1984年起，浙江省广播电视厅也以事业费改革为引导推进广播电视领域向企业化管理过渡，基本举措是：日常事业经费以1984年为基数，包干使用；全厅预算外收入不上缴，由省厅统一管理，80%用于发展事业，10%用于集体福利，10%用于职工奖励。改革有效调动了员工的积极性，1986年厅属各单位的预算外收入比上年增长31.88%；市（地）级广播电视机构预算外收入，比上年增长43%，县级增加30%；全省3 187个乡广播站，预算外收入近300万元。②山西省也积极推进传媒单位的企业化管理试点改革，如山西日报社实行编制、人员、工资、奖金放开，围绕报纸经兴办经济实体十余个，到1992年全社实现利润1 050万元，比1991年增长50%；太原日报社也积极搞活经营，1992年全社经济收入突破1 100万元。③

在各地相继试行"事业单位、企业化管理"改革的基础上，1986年，劳动人事部颁发《关于加强事业单位编制管理的几项规定》，明确提出"鼓励一些有条件的科研、设计、文艺、新闻、出版等事业单位实行企业化管理，做到经济上完全自给"。同年，财政部文教行政财务司召开部分省、自治区文教行政财务处长座谈会议，提出要坚持搞好文教行政财务管理，鼓励有条件的事业单位实行企业化管理。到1988年，我国报界成立了第一个全国性行业组织——中华全国报纸行业经营管理协会，明确提出要把加快我国报业"参与市场的力度和深度"作为协会的宗旨之一。此后，新闻传媒行业的市场化进程不断加快，"事业单

---

① 湖南省广播电视厅史志编辑室：《湖南广播电视年鉴（1989～1990）》，内部资料，1990年。
② 高扶小：《浙江经济年鉴（1987）》，浙江人民出版社1987年版。
③ 辛文：《山西经济年鉴（1993）》，山西经济出版社1993年版。

位、企业化管理"模式也成为传媒行业由计划经济向市场经济转轨的重要过渡性模式。虽然这一模式到20世纪90年代后期逐渐被企业体制改革所替代,但在改革开放初期,它有力地冲击了计划经济条件下新闻传媒的僵硬体制,缓解了传媒单位数量日益增长所带来的财政压力,并以成功的产业经营实绩为我国传媒行业走向市场提供了有效的实践经验和必要的物质准备。

三、文化事业体制的宏观结构调整与分类改革

随着经济体制改革的不断深入,以及承包经营制、"以文补文"等"试错性"改革的推进,文化领域所面临的大环境和现实问题逐渐发生转变,传统区域性的、边缘性制度的改革已经无法适应文化领域进一步发展繁荣的需要。因此,20世纪80年代中期以后,在文化机构微观层面自主探索的基础上,政府启动了整个文化事业领域的结构调整和分类改革。

(一)布局结构调整与双轨制改革

我国文化领域长期以来实行国家统包统管的计划体制,这种体制在一定的历史时期内起过积极作用,但随着改革开放的深入推进,这种体制的弊端日益凸显,管理上缺乏自主权、人事上缺乏流动机制、分配上严重平均主义、结构布局上缺乏统筹规划等等,已经不再适应我国文化事业进一步发展的需要。为了改变这种局面,从20世纪80年代起,国家层面开始以艺术表演团体为先导全面启动我国文化体制改革的进程。

1985年1月,文化部起草完成了《关于艺术表演团体的改革意见》,同年4月23日中共中央办公厅和国务院办公厅转发了该文件。这个文件对艺术院团前期的改革与发展进行了经验总结,认为当时的艺术表演团体存在"布局不够合理;人浮于事,

第二章　中国文化体制改革的起步阶段（1978~1991年）

机构臃肿；领导体制和管理体制不适应艺术生产的需要；分配上的平均主义、大锅饭；鼓励、推动艺术创作、评论、研究的制度、措施不得力、不健全"五大问题。因此，该文件拟定了当时改革的主要方针、原则、路径，主要包括："合理调整艺术表演团体的布局；确定编制，精简人员；改革艺术表演团体的领导体制；扩大自主权，改革和完善管理制度"。

从1985年起，我国艺术表演团体开始全面进行布局调整与人员精简改革。在院团布局结构上，按照文化部《关于艺术表演团体的改革意见》对院团布局和人员精简的总体部署和要求，全国各地文化主管部门和艺术院团采取"撤"（对行当不齐，艺术水平低，演出质量差，缺乏观众基础，难以生存而又没有保留价值的剧团进行撤销）、"改"（同一地区或城市同类艺术品种剧团没有必要重复设置的，根据群众需要改变艺术品种）、"并"（对同一地区或城市重复设置的剧团，集中艺术力量，合并为一）、"转"（当地群众需要，而又不具备经济、艺术条件的，划归文化馆、艺术馆领导或"亦工亦艺"）、"留"（绝大多数专业剧团经过整顿，改善条件，加强力量，不断改革，提高质量）、"增"（根据实际需要和可能，在条件具备的情况下，增加少数新兴艺术品种的专业剧团及在少数民族地区和边远地区建立一些精干的专业表演团、队等）等几种方式[①]，对国有艺术表演团体的规模和布局结构进行调整，1980年至1990年，全国专业艺术表演团体由3 523个减少到2 787个，[②] 艺术生产效率明显提高。在人员精简方面，全国各地剧团采取的方式归结起来主要有以下几种：一是离退休；二是转业外调，由劳动人事部门在文化系统外安排；三是在文化系统内安置，如艺术院校、文化馆站、图书馆、

[①] 王文章：《专业艺术表演团体体制改革的几个问题》，引自《中国文艺年鉴》，文化艺术出版社1987年版。

[②] 康式昭：《中国改革全书·"文化体制改革"卷》，大连出版社1992年版。

剧场等；四是由文化主管部门或剧团建立艺术辅导中心或辅导队（组），吸收虽不适应舞台工作但有业务水平的人，开展各项艺术辅导活动；五是剧团本身广开门路，多种经营，自行安置。①通过这些举措，"文革"中被遣散后落实政策归队的老同志，"样板团"时期加入的一些"门外汉"等得到了有效安置，剧团演职人员结构得到明显优化。1980年至1990年，全国专业艺术从业人员由24.57万人减少到17万人，人员结构趋于合理。②

从政府层面而言，从1985年开始的改革"冲击了统包统管的旧体制，但是，艺术表演团体体制改革的步子迈得还不快，许多关系还没有理顺，配套政策还不健全和落实，各种思想阻力还很大，预期的目标还远远没有达到"。因此，1988年，为进一步推进改革的实施，国务院批转文化部《关于加快和深化文艺表演团体体制改革的意见》，确立了以"双轨制"为核心的改革思路和方案，即"需要国家扶持的少数代表国家和民族艺术水平的、或带有实验性的、或具有特殊的历史保留价值的、或少数民族地区的艺术表演团体，可以实行全民所有制形式，由政府文化主管部门主板；大多数艺术表演团体，应当实行多种所有制形式，由社会主办。"为实现双轨制，《意见》还对艺术院团的改革拟定了多项具体举措，包括：实行聘任合同制或演出合同制；实行以聘任合同或演出合同收入为主的劳动报酬制度；建立完善的文化市场体系，开放演出市场；政府对艺术表演团体实行间接管理，等等。在中央政府的改革动议下，全国各地开始普遍实施以"双轨制"为核心的新一轮改革。

1988年，天津市在继续完成前一段调整布局和精简人员遗留工作、安置精简人员710人的基础上，积极贯彻"双轨制"改

---

① 王文章：《专业艺术表演团体体制改革的几个问题》，引自《中国文艺年鉴》，文化艺术出版社1987年版。
② 康式昭：《中国改革全书·"文化体制改革"卷》，大连出版社1992年版。

第二章 中国文化体制改革的起步阶段（1978~1991年）

革政策，以自由组合、自筹资金、自主经营、自负盈亏为原则，发展社会办团，探索艺术表演团体的多种所有制形式。当年即有13个单位或个人申请办团，获批准建立的有歌醍酬轻音乐团（集体办）、天海艺术团（企业办）、大西洋轻音乐团（个人办）等团体，初步形成了天津市艺术表演团体"双轨制"的雏形；与此同时，天津市还开展了本市艺术系列的首次职称改革工作，仅直属院团评定专业技术职称的人员就达共1 862人。①苏州市艺术表演团体也积极改革剧团自身运行机制，投身文化市场，改革剧团经营管理，具体做法有：在管理主体上，部分艺术团体试行了团长负责制；拨款模式上，改变长期以来按人头拨款的做法，针对市属艺术表演团体的不同情况，加强分类指导，把节目创作、演出场次、内部管理与补贴经费挂钩，变"支付结构"为"投资结构"；经营管理上，把团内人员分为演出主体和从事多种经营活动两大部分，使演出主体部分相对稳定，并积极发展多种经营活动，如苏州市歌舞团组织集体承包、自主经营和个体承包3个不同演出实体，对新形势下的演出经营方式、所有权和经营权分离、双轨制的体制和经营均作了尝试，等等。这一系列改革取得了有益的成效，1988年，苏州市文艺团体演出场次达4 225场，观众277万人次，演出收入454万元，均比1987年有不同程度的增长。②此外，上海市各院团也通过推行职称评定、引入竞争机制、实施聘任制等措施深化体制改革，完善人才聘用机制；湖南省在建立院、团长聘任或招标选聘制的基础上，实现内部经营管理机制的改革和完善，等等。总体而言，这次改革有效地推动了国有文艺院团结构布局的进一步调整和体制机制的优化完善。

与此同时，"双轨制"改革的另一个重要意义就是部分艺术

---

① 孙明：《天津经济年鉴（1989）》，天津人民出版社1989版。
② 黄振业：《苏州年鉴（1989）》，江苏古籍出版社1989版。

团体转变成为社会主办的民间职业团体，一些民间自发组织的艺术表演团体也开始壮大起来，成长为改革的"增量"。据统计，1988年全国有民间职业艺术表演团体50 273个，零散艺人99 696人。① 部分地区的民营艺术表演团体已成为活跃群众文化生活的重要力量。1988年，浙江省有民间职业剧团和业余剧团776个，活跃在乡镇农村的舞台上；湖南省有民间职业剧团551个，曾于1989年秋天举行了为时3个月的湖南省首届映山红民间职业剧团戏剧节；福建省有民间职业剧团630个……这些民间职业剧团自由组合、自筹资金、自负盈亏，演职员实行合同制，剧团与演员之间实行双向优化选择，演员按劳取酬，演出队伍精干，经营方式灵活，每年演出场次一般保持在400～600场。② 民间剧团的兴起离不开当时社会经济发展环境的变化。一方面，广阔的农村演出市场为民间剧团的兴起孕育了空间；另一方面，他们采取资源结合、自主经营、自负盈亏的经营机制，比国有院团更具活力。

在艺术表演团体全面推进"双轨制"改革的同时，新闻出版等其他文化行业也在积极探索"双轨制"的发展道路。新闻出版领域实行"双轨制"最早可追溯到1978年底人民日报社等8家北京报社联名向财政部提出试行"事业单位、企业化管理"的改革要求，1979年，新闻媒体恢复刊登广告。此后，我国的新闻体制开始打破要国家包揽一切事务的做法，沿着"事业单位、企业化管理"的道路推进改革。1985年，各地开始出现报业自办发行的现象，随后报纸的新闻报道面拓宽、扩版，媒体市场化、产业化的步伐越来越快，新闻体制改革从新闻业务到经营逐步展开。党的十三大提出"建立有计划的商品经济体制"和

---

① 王文章：《艺术体制改革与管理初探》，华夏出版社1993年版。
② 汪建德：《八十年代艺术表演团体体制改革面面观》，载于《中国文化管理》（创刊号）。

第二章　中国文化体制改革的起步阶段（1978～1991年）

"转变企业经营机制"后，越来越多的新闻出版单位开始朝着企业化经营的方向发展，开展多种形式的经营活动，新闻出版行业逐渐在"双轨制"道路上纵深发展。

总体而言，20世纪80年代开始全面推行的以艺术表演团体为主体的双轨制改革，在宏观思路上明确了文化领域进行分类发展的改革方向，对政府与文化单位的关系进行了重新划定，聘任制、合同制等内部改革举措的实施也对文化体制弊端进行了针对性的变革。应当说，这一改革方案具有目标愿景上的前瞻性和战略设计上的全面性。但由于"双轨制"要求大多数文艺院团实现"自主经营，独立核算，自负盈亏"，超越了当时的社会经济条件，加之外部环境的制约，此次改革取得的效果有限。

（二）基于不同保障方式的分类改革

1987年，在科技、教育、卫生以及文化等领域事业单位改革实践的基础上，党的十三大明确提出"政事分开"原则，按照"脱钩、分类、放权、搞活"的原则推动事业单位进行分类改革。1989年，国家财政部发布《关于事业单位财务管理的若干规定》，进一步提出要"加强事业单位的财务管理，提高资金使用效益，增强事业单位的活力"，将事业单位的预算管理形式分为全额预算管理、差额预算管理和自收自支管理三种类型。其中，没有稳定的经常性业务收入或收入较少的事业单位，实行全额预算管理；有一定数量的稳定的经常性业务收入，但还不足以解决本单位的经常性支出，需要财政补助的事业单位，实行差额预算管理；有稳定的经常性收入，可以解决本单位的经常性支出，但尚未具备企业管理条件的事业单位，实行自收自支管理。《关于事业单位财务管理的若干规定》还明确提出要鼓励和促进有条件的事业单位由全额预算管理向差额预算管理过渡，差额预算管理向自收自支管理过渡，自收自支管理向企业管理过渡。这标志着事业单位在性质不变的情况下被区分为"公益性""准公益性"和"经营性"等不同类别。这一时期,文化领域各行业相继推进事业单位财政保障方式的分类改革,相当一部分文化事业单位转变为文化企业单位或文化公司。

1986年,文化部、财政部联合颁发《艺术表演团体财务管理暂行办法》,对县及县以上各级文化部门领导和管理的专业剧团进行财务制度改革和规范化管理。《艺术表演团体财务管理暂行办法》明确规定:剧团在财务上属于差额预算管理的文化事业单位,实行"核定收支,差额(定额、定项)补助,超支不补,结余留用"的预算管理办法,各级财政部门、文化主管部门对不同艺术品种和担负不同演出任务的艺术表演团体要区别对待,依照各类剧团的艺术品种、任务、分工核定各剧团的财务收支预算及差额补助数额,不要"一刀切"。此后,地方根据该办法的规定相继推进艺术表演团体补贴办法的改革,将差额补贴改成定额补贴和政策性补贴,超出部分国家不补,节余部分归艺术团体自行支配使用。如哈尔滨在1986年的院团改革中,转变平均主义的经费分配方法,按照不同剧种、不同任务对艺术表演团体进行差额补贴,并在创作演出、培养人才、上山下乡演出、为少年儿童演出等方面给予政策性补贴,同时在发放奖金、超额补贴时也按照《艺术表演团体财务管理暂行办法》的规定实行按劳分配。[①] 天津市在1987年改革中,对极少数的重点院、团采取从经济上完全包下来的办法,对它们没有经济收入指标的要求,只要求完成艺术生产指标;对大多数院团采取定额补贴的方式,一次包死、多亏不补、少亏归己,并给它们规定演出场次和剧目生产的指标;对剩下的少数院团采取经济上自负盈亏的办法,但其团址、职工住房、公费医疗等仍由市文化局负责,等等。广西1988年制定了《广西壮族自治区艺术表演团体财务管理暂行办法》,对剧团实行核定收支,差额(或定额、定项)补助,超支

---

① 哈尔滨年鉴编委会:《哈尔滨年鉴(1986)》,中国统计出版社1986年版。

第二章 中国文化体制改革的起步阶段(1978~1991年)

不补,结余留用和专项补助的预算管理办法。其中,核定补助项目包括人员基本经费(包括在编人员工资、补助工资、职工福利费)、离退休人员经费、政策性演出补助;专项补助为大型修缮、设备购置补助费。改变了过去对剧团包揽过多的做法。同时,为鼓励演员多演戏,还实行了"超额补贴"政策,规定年终收支结余可先提超额补贴、奖励基金,仍有余额则再分别提取事业发展基金和福利基金。[①] 这种按剧种和任务分工核定预算和补贴的方法在很大程度上转变了过去"一刀切"和"吃大锅饭"的弊端,推动了财政资金使用效益的提高和艺术表演团体的分类发展。

在文化事业单位实行财务制度改革的同时,国家层面开始从宏观的经济政策层面着手,加大对文化事业单位的财政和政策保障力度。1991年,国务院批转《文化部关于文化事业若干经济政策意见的报告》,提出各级政府和有关部门要在深化文化管理体制改革、加强内部管理的同时,对文化事业在政策上给予支持和保障,逐年增加文化事业经费的投入,逐步改变文化经费紧张的状况。如对艺术表演团体要继续贯彻整顿、改革的方针,合理调整布局,精简冗员。对整顿后确定保留的艺术表演团体要给予必要扶持;对有实验任务的剧团,为少年儿童服务的剧团,少数民族的剧团、文工团(队),具有深厚艺术传统和较高艺术水平的某些古老稀有的艺术品种,排练演出反映现实生活和重大题材剧目的团(队),在核定其差额补助费时,要给予照顾。对各类剧团的大型修缮、设备购置补助费,要根据财力尽可能予以安排,并单独编报预算,专项补助。要适当增加文化事业的基本建设投资,有条件的省、自治区、直辖市及计划单列市,每年应保证一定的文化基建投资基数并要随着经济状况的好转逐步增加。

[①] 广西财政年鉴编辑室:《广西财政年鉴(1985~1989)》,广西人民出版社1991年版。

切实解决各级公共图书馆购书经费紧张的问题，各级财政部门应会同同级文化部门，根据图书馆的规模、编制、藏书等情况，核定经费预算，并将购书费予以标明，实行专款专用。继续支持文化事业单位的"以文补文"活动，等等。上述举措都为分类改革后的文化事业单位提供了有力的政策保障。

在中央政策的引领下，吉林、云南、河南等诸多省份相继出台本省的文化事业若干经济政策。如吉林省于1991年颁布《吉林省文化事业若干经济政策》，明确规定：要逐年增加财政预算内文化事业经费，文化事业经费占当地财政总支出的比重未达到1.5%的地方，要尽力增大文化事业经费增长幅度；修改、完善省内各级有关优秀剧（节）目的创作、演出补贴、儿童剧演出补贴、地方剧种建设补贴和剧团奖励制度，逐步建立艺术表演团体"以自有资金为主"的排练、制作和演出活动定额周转金制度；允许各级文化主管部门和各文化事业单位本着"社会助文化，文化社会化"的精神，采取多种形式，组织国内外捐赠、赞助，开展社会集资活动，① 等等。1991年，河南省发布了《河南省贯彻国务院文化事业若干经济政策的实施办法》，随后还相继出台了《河南省文化艺术发展基金管理办法》《关于营业性文化娱乐演出活动增收文化专用基金的办法》和《省直艺术表演团体艺术从业人员转行补助费发放标准》《关于厅直单位开展有偿服务和多种经营活动的管理办法》等配套政策。云南省在出台《关于云南省文化事业若干经济政策的意见》的基础上，于1992年颁布了《云南省省级剧团优秀剧（节）目创作演出专项经费补助办法》《云南省省级剧团演员、演奏员艺术工种补贴试行办法》《关于全省城乡影剧院建设征收固定资产投资方向调节税有关问题的通知》等系列配套政策。各地虽然在文化经济政策上进行了积极的探索，然而，由于当时国家财力整体较弱，政策执行

---

① 刘希林：《吉林年鉴（1992）》，吉林人民出版社1992年版。

缺乏有效的客观条件，相关文件中的很多政策措施并没有得到真正落实。

四、文化市场的兴起与文化产业属性的初显

这一时期，随着经济体制改革的深入，以及"以文补文""多业助文"等政策的推行，新闻出版、广播影视、文化艺术、文化娱乐等各领域相继出现了经营性的文化业态和文化机构，文化领域的市场意识逐渐被唤醒，文化的产业属性逐步显现。

（一）文化市场的兴起

"文化大革命"结束后，随着改革开放的不断深入，国民经济逐渐得到恢复并取得了初步的发展，社会公众的文化消费需求也开始复苏。在此宏观社会背景下，以文化娱乐业为开端，我国的文化市场由体制内到体制外开始恢复发展并实现新的生长。1979年，广州东方宾馆开设了我国第一家音乐茶座，这一事件在社会上引起了强烈的反响和普遍的关注，被视为我国文化市场兴起的标志。此后，各种社会力量兴办文化事业的模式开始突破多年来官办文化的模式，一个以商品形式向人民提供精神产品和文化娱乐服务的文化市场逐步形成。

首先是文化娱乐业的兴起和迅速发展，歌厅、舞厅、录像放映等一系列新的文化娱乐形式相继面世。如20世纪70年代末，国外盒式录音带和录音机开始涌入中国，80年代初我国建立第一家录音制品出版社，1984年上海开设第一家营业性舞厅，1989年卡拉OK传入内地等，这些新兴文化娱乐业态如雨后春笋般涌现并迅速从沿海向内地延伸，一时间全国范围内"舞会热""录像热""流行音乐热"此起彼伏，群众的文化消费市场逐步得到恢复。其次是新闻出版行业在"企业化管理"改革的驱动

下,加速了市场化发展的步伐。以广告业为例,自1979年中央电视台、《文汇报》、《人民日报》、上海电台、中央人民电台相继恢复或开播广告,到1982年中国广告协会成立,我国广告业进入全面发展的阶段。据统计,1979年全国广告市场的广告费总额为1 500万元,到1990年广告费总额已增至25亿元,年均增幅达30%~40%[①]。与此同时,出版行业也迅速发展,1978年,全国共有图书出版社200多家,出版图书品种1.5万种,到1986年,出版社增长到446家,图书品种达5.2万种,[②]并初步形成了以新华书店为主,多种经济成分、多种购销形式、多种渠道共同发展的发行制度,出版产业化的规模不断扩大。

在各文化行业实现市场化发展的同时,地方文化管理体制和经营模式也开始出现市场化改革的趋势。1981年,安徽省合肥市制定了《合肥市人民政府关于加强文化市场管理的规定》,次年又成立了合肥市文化市场管理领导小组,文化市场的合法性地位开始在地方取得突破。1983年,深圳市率先在市文委内专设了文化市场管理处,建立专职的文化稽查队对文化市场进行监管和规范,此后安徽、四川、湖北等地部分城市也建立了文化稽查队,专门负责文化市场的规范管理。1983年,《人民日报》刊载孙静《加强管理,加强引导,泉州市文化市场面貌改观》的文章,这是中央党报第一次正式提出文化市场的概念,标志着文化市场逐渐得到了从中央到地方社会各阶层的认可。与此同时,新闻传媒单位也开始普遍推行"事业单位、企业化管理"的经营模式,文化领域市场化发展的趋势愈演愈烈。

然而,在改革开放初期,由于文化市场仍存在诸多不确定性,以及受计划体制思维惯性的影响,人们对新兴文化市场和文化娱乐业的出现还缺乏正确的认识,有人赞扬,有人反对,也有

---

① 张金海:《广告学概论》,中央电大出版社2001年版。
② 尹继佐:《2000年上海文化发展蓝皮书》,上海社会科学院出版社2000年版。

第二章　中国文化体制改革的起步阶段（1978～1991年）

人怀疑，褒贬不一。1983年以后的3年中，《人民日报》上很少出现"文化市场"的名称，到1987年，《人民日报》全年共刊载有关"文化市场"的消息3则。① 可见，这一时期文化管理层面的市场意识仍相对滞后，对文化市场的态度较为保守，出台的相关政策也以干预、限制性政策居多，如1984年《关于加强舞会管理问题的通知》（禁止开办营业性舞会），1985年《关于禁止营业性录像放映和加强录像管理的通知》，等等，文化市场还处于艰难的初创期。② 到20世纪80年代中后期，随着社会力量的兴起和"以文补文"政策的深入推进，许多文化经营活动开始突破政府办文化的格局，形成独立于各文化主管部门之外的社会性文化经营主体。为了加强对这些新兴文化事务的管理，1985年，中共中央办公厅、国务院办公厅下发《关于禁止营业性录像放映和加强录像管理的通知》，提出地方应建立社会文化管理委员会的要求，"各省、自治区、直辖市建立有关部门参加的社会文化管理委员会，对录像放映及其他社会文化活动实行统一领导，分工负责，密切配合，综合管理。市、县也应建立相应的管理委员会"；与此同时，还强调要"加速发展我国的录像带的制作、出版和发行事业"，"尽快生产和发行一批包括中外优秀电影、电视剧、各类文艺节目以及教育、体育、科普、卫生、旅游等内容健康、丰富多彩、引人入胜的录像带。今年下半年要有二百小时以上的节目供应市场，并在一切有条件的城市和地方逐步设立录像带的出租点，向群众廉价供应内容健康的录像带。"可以说，建立社会文化管理委员会是中央层面第一次针对文化市场管理体制提出的改革要求，该政策虽然提出"禁止营业性录像放映"，但可反映出政府在文化市场规范、引导方面的理念和方式

---

① 傅才武、宋丹娜：《文化市场演进与文化产业发展——当代中国文化产业发展的理论与实践研究》，湖北人民出版社2008年版。
② 曲润海、郑琅：《改革开放中的文化艺术》，人民出版社2000年版。

的转变。在此基础上，1987年，文化部、公安部、国家工商行政管理局联合发布《关于改进舞会管理的通知》，正式认可营业性舞会的合法地位，指出"举办营业性舞会是我国社会主义商品经济发展和人们物质文化生活水平日益提高的一种客观需求，它对活跃人们的业余生活，提倡文明健康科学的生活方式，创造安定活跃的工作和生活环境，改善人际关系，是有益处的"，同时还提出了管理营业性舞会的基本思路，成为文化市场探索中迈出的关键性一步。此后，各种文化经营活动迅速发展起来，文化市场开始由起步阶段转向扩展阶段。

然而，在当时的社会历史条件下，人们对于有没有文化市场、要不要发展文化市场的问题仍存在诸多争论，对文化市场的内涵与外延也缺乏理性的认知。加强理论引导成为实践发展的迫切需要。为此，1988年，文化部组织召开了第一次全国文化市场理论研讨会，会议对文化市场的内涵、外延、范围和内容进行了科学界定，并对文化市场存在的必然性、合理性和文化市场管理的必要性、重要性进行了论证，为我国文化市场发展和文化市场管理提供了坚实的理论基础。同年，文化部、国家工商行政管理局联合发布《关于加强文化市场管理工作的通知》，正式提出"文化市场"的概念，初步明确了文化市场的管理范围、任务、原则和方针。《关于加强文化市场管理工作的通知》指出，"随着社会主义商品经济的迅速发展，各种社会力量兴办文化事业突破了多年来官办文化的模式，一个以商品形式向人们提供精神产品和文化娱乐服务的文化市场正在形成"，肯定了文化市场的合理性与合法性，同时规定"凡以商品形式进入流通领域的精神产品和文化娱乐服务活动，都属于文化市场管理范围"，并要求"各级文化主管机关对文化市场要进行日常的行政管理和业务指导"。这份文件既是对文化市场10年探索历程的总结，也开启了文化市场发展的光明前程，被认为在文化市场发展进程中具有里程碑意义。在此基础上，1989年，国务院机构改革批准文化部

第二章　中国文化体制改革的起步阶段（1978~1991年）

设立"文化市场管理局"，明确文化部"归口管理文化市场，推动演出市场、电影、音像市场、书刊市场、文物市场、字画市场、文艺游乐场所及其他提供精神产品与文化服务的社会市场的健康发展"的职责，标志着全国文化市场管理体系的初步形成。

文化市场的合法地位得到认可后，国家层面不断加强对文化市场的规范和管理。1988年，文化部在《关于加强文化市场管理工作的通知》中，要求各地文化主管部门配备必要的专职管理人员，建立健全文化市场管理机构，开始在全国范围内推进文化市场管理队伍的建设。各地方积极响应中央号召，着力推进文化市场稽查管理队伍的建设完善，经过近十年的发展，逐渐形成了包括中央、省、市、县在内的四级文化市场管理网络。1989年，文化部召开全国清理整顿文化市场工作会议，会议以清理整顿文化市场，保护广大青少年身心健康，繁荣群众文化为宗旨，提出了整顿文化市场和繁荣群众文化"两手抓"的方针，并对文化管理体制、社会文化管理委员会与文化主管部门的关系、文化市场与法律建设的关系等议题进行了讨论，文化部还就起草的《文化市场管理暂行办法》（征求意见稿）进行了说明和意见征求。1990年，文化部在珠海召开全国文化娱乐管理座谈会，同年，文化部先后下发《关于加强"卡拉OK"娱乐活动管理的通知》《关于加强台球、电子游戏娱乐活动管理的通知》等文件，对台球、电子游戏机、卡拉OK等娱乐活动的经营秩序进行规范。1991年，文化事业发展基金、文化企事业单位的经营管理，以及利用外资兴办文化企事业等问题都已列为立法计划中的调查论证项目并在某些方面取得进展。文化市场的发展逐渐走向规范化的轨道。

文化市场的诞生和崛起是改革开放后我国文化生产、流通和消费方式的重大变革，它打破了长期以来我国文化事业发展的单一格局，极大地解放和发展了文化艺术生产力，有效地改善和提高了我国人民文化生活的水平与质量，是改革开放后我国文化领域解放思想的重要成果。可以说，文化市场发展所带来的变革是根本性的，没有改革开放后文化市场的出现，就不会有当前社会主义文化事业的发展和文化艺术的繁荣局面，人民文化生活短缺的问题也不可能从根本上得到改善。

（二）文化产业属性的彰显

文化产业概念在我国的出现始于20世纪80年代初期。计划经济时期，文化作为意识形态和政治教化工具，由政府进行资源的计划配给，具有较强的非市场性和意识形态化色彩，尚未形成现在意义上的文化市场和文化产业。改革开放后，市场经济体制的逐步确立和市场经济增量的迅速发展推动了思想文化领域的变革，文化开始突破单一的意识形态功能，向娱乐化、商业化等多元方向发展，与此相对应，文化产品也开始转变传统的计划配给模式，逐渐实现生产的专业化、社会化和交换的市场化，文化的产业属性日益彰显。1979年，广州东方宾馆开办第一家音乐茶座，标志着我国文化行业开始进行市场化和产业化运作。1985年，国务院办公厅转发国家统计局《关于建立第三产业统计的报告》，把文化作为第三产业的一个组成部分纳入国民生产总值统计项目之中，文化行业的产业性质开始得到政府的认可。1991年，国务院批转文化部《关于文化事业若干经济政策意见的报告》，正式提出"文化经济政策"概念，意味着国家层面开始从经济、经营等方面系统考量文化事业的发展问题，文化的产业属性和市场化发展模式得到国家政策的肯定和鼓励。

这一时期，文化行业产业属性的初现主要表现在以下方面：一是娱乐性文化消费兴起并迅速发展，带动众多文化行业进行市场化和产业化运作，文化产业体系化的雏形开始显现。1979年，以音乐茶座为起点，歌厅、舞厅等娱乐场所开始了全面兴起的进程，逐渐从东南沿海城市扩散到内地，从大城市扩散到县级及以下的乡镇，形成了全国性的网点式娱乐场所布局，文化娱乐业的

第二章　中国文化体制改革的起步阶段（1978~1991年）

规模化、产业化趋势日益突出。在这一趋势的带动下，伴随着"以文补文""多业助文"等政策的推行，文化领域的商品意识、竞争意识和市场意识逐渐增强，图书、动漫、音像等诸多文化行业纷纷进行产业化模式探索，取得了较为突出的成绩。如这一时期我国出版社数量、图书种类、新版种类、总印张数等都出现了"井喷式"增长，产业规模得到了极大拓展，图书作为商品的观念和产业体系逐步出现雏形。国产动画片也迎来了20世纪最繁荣的创作时代，生产机构由上海美术电影制片厂"一枝独秀"发展为多家生产部门"竞相争辉"的局面，创作出了一大批代表国产动画片最高水平的优秀影片，使得我国的动画业到20世纪90年代前基本走在世界的前列，等等。随着以文化娱乐业为代表的众多文化行业进行产业化、市场化运作，我国文化产业开始出现体系化发展的基本雏形。

二是文化事业单位企业化转型，文化体制内的产业化渠道开始疏通，政府对文化产业的管理逐步从微观走向宏观。这一时期，随着文化市场的发展和文化市场地位逐渐得到承认，文化事业单位开始进行企业化转型，如文化艺术机构实行"双轨制"改革，由政府统一包揽向"国家扶持的全民所有制院团"与"多种所有制的艺术团体"并存发展；新闻出版单位进行"事业单位、企业化管理"改革，从运行机制、发行体制、价格体制和内部体制等方面转变"事业"属性，增强新闻出版机构的市场化生存能力、服务水平和竞争力，等等。这种企业化、市场化的转型，突破了传统文化领域的由政府包揽、集中管理的计划配置模式，从体制内打开了一条文化机构产业化和市场化的发展路径，为我国文化产业的萌芽和发展创造了一个新的制度环境。在此背景下，到20世纪90年代初期，以一系列文化市场管理政策和文化经济政策的出台为标志，我国文化体制改革实现了部分突破，党和政府对文化领域以及文化产业的管理开始从微观走向宏观，意味着我国文化产业的发展被赋予了更宽松的体制环境。

总体而言，20世纪80年代到90年代是我国文化产业发展的萌芽期。一方面，文化产业的实践活动开始出现，并且在范围上不断拓展，有力地冲击了中国社会原有的价值观念，使得民众逐渐意识到文化不仅仅是上层建筑和意识形态，同时还是文化娱乐产品，具有商品属性和产业属性，为下一阶段文化产业的发展提供了思想准备和物质基础。另一方面，这一阶段受文化体制惯性、经济改革程度等因素的影响，文化生产和流通的机制并没有完全摆脱计划经济体制的束缚，文化体制深层次的矛盾尚未被触及。文化产业规模小，内容单一，布局分散，其产值在国民经济中所占比例较小，文化商品无论在数量上和质量上，都远远不能满足社会公众的需求，文化产品和服务的数量和质量还不能满足日益增长的文化需求，文化还没有具有真正意义上"产业"的地位。

第三章

中国文化体制改革的探索阶段（1992~2002年）

党的十四大确立了我国建立社会主义市场经济体制的改革目标，并将市场化改革逐步引入文化领域。这一阶段的文化体制改革延续了上一阶段内部体制机制改革调整的基本路径，同时加大了市场化改革力度。在国家政策引导和扶持下，文化体制改革在文化机构内部机制创新、文化企业的集团化和资本化以及民营文化产业发展等方面都取得较大进展，为下一阶段文化体制改革的全面推进以及文化事业与文化产业的分途发展奠定了基础。

一、市场化改革方向的确立与探索

在经济体制改革的牵动和文化体制改革的践行过程中，经过国家政策引导和鼓励，以及业界关于大众文化、文化市场化产业化的争论，市场化逐步确立为文化体制改革的基本理念和改革方向。

（一）市场化改革政策取向逐步确立

1992年1月18日至2月21日，邓小平同志先后视察了武昌、深圳、珠海、上海等地，发表了贯彻执行党的"一个中心、两个基本点"的基本路线,坚持走有中国特色的社会主义道路,抓住当前发展机遇等系列重要讲话,明确回答了当时困扰和束缚中国经济社会发展的主要观念问题,为中国建立社会主义市场经济体制奠定了理论基础。1992年10月12日,江泽民同志在党的十四大报告中正式明确提出社会主义市场经济体制的建设目标,肯定了市场对资源配置的基础性作用,由此正式确立了我国市场化改革的发展方向。

在文化领域,市场化的改革方向也不断得到明确。1992年,党的十四大报告在提出推进文化体制改革的要求时,明确指出要"完善文化事业的有关经济政策",强调了文化事业的经济和产业属性。1994年,《财政部、国税总局关于继续对宣传文化单位实行财税优惠政策的规定》又明确提出文化体制改革要"按照建立社会主义市场经济体制的要求,转换经营机制,完善管理制度,在保证社会效益的前提下,注重经济效益。"1997年,《中共中央关于进一步做好文艺工作的若干意见》提出文化体制改革既要面向市场又不能听任市场自发选择的辩证要求,表示要探索建立符合市场经济体制的文艺工作管理体制。1997年,党的十五大报告继续强调落实和完善文化经济政策。同年,《文化事业发展"九五"计划和2010年远景目标纲要》要求初步建立与市场经济体制相适应的文化事业管理体制和运行机制。2000年,《文化产业发展第十个五年计划纲要》首次在行业部门层面将文化产业门类纳入了五年发展的计划之中,标志着文化改革发展市场化产业化方向的正式确立。此后,在2000年的《中共中央关于制定国民经济和社会发展第十个五年计划的建议》、2001年的《文化事业发展第十个五年计划纲要》和2002年党的十六大报告中,继续强化了文化改革发展的市场化取向(见表3-1)。

第三章　中国文化体制改革的探索阶段（1992~2002年）

表3-1　　1992~2002年间文化体制改革相关政策文件

年份	政策文件名称	政策要点
1992	党的十四大报告	积极推进文化体制改革，完善文化事业的有关经济政策
1994	财政部、国税总局关于继续对宣传文化单位实行财税优惠政策的规定	按照建立社会主义市场经济体制的要求，转换经营机制，完善管理制度，在保证社会效益的前提下，注重经济效益
1996	中共中央关于加强社会主义精神文明建设若干重要问题的决议	在发展社会主义市场经济和对外开放条件下建设社会主义精神文明；改革文化体制是文化事业繁荣和发展的根本出路；要坚持把社会效益放在首位，力求实现社会效益和经济效益的最佳结合
1997	中共中央关于进一步做好文艺工作的若干意见	文艺体制改革既要促进文艺生产面向市场，又不能听任市场的自发选择；发挥市场机制积极作用的充满活力的社会主义文艺体制；要努力探索和建立适应社会主义市场经济体制的文艺工作管理制度
1997	党的十五大报告	深化文化体制改革，落实和完善文化经济政策
1997	文化事业发展"九五"计划和2010年远景目标纲要	初步建立与社会主义市场经济体制相适应，与社会主义精神文明建设要求相一致，与文化艺术自身发展规律相符合的文化事业管理体制和运行机制
2000	文化产业发展第十个五年计划纲要	对加快发展文化产业，使之成为国民经济新的增长点
2000	中共中央关于制定国民经济和社会发展第十个五年计划的建议	深化文化体制改革；完善文化产业政策，加强文化市场建设和管理，推动有关文化产业发展
2001	文化事业发展第十个五年计划纲要	完善文化经济政策；建立多渠道筹资、多种投入主体、多种所有制形式的发展机制
2002	党的十六大报告	积极发展文化事业和文化产业；根据社会主义精神文明建设的特点和规律，适应社会主义市场经济发展的要求，推进文化体制改革

从 1992 年党的十四大报告提出推进文化体制改革，到 2002 年党的十六大报告再次提出要深化改革的十年间，伴随对文化体制改革的重要性和必要性认识的进一步提高和深化，文化体制改革过程愈发注重经济效益，采用市场化手段的思路和方向不断明确，并最终确立为文化体制改革的一个重要政策取向。

在国家宏观政策引导下，主要的文化行业在进行文化体制改革的过程中也不断明确市场化改革方向，并进行了相应的实践探索。在文化艺术行业，艺术表演团体的改革基本上是沿着内部管理体制和经营机制、布局调整、市场化的思路展开，并将市场化逐步确立为目标。市场化目标的确立引致改革力量的位移。市场化目标要求改革的主导力量必须是市场主体，即艺术表演团体本身，而非外部力量，由此推动了艺术表演团体自身改革力量的逐渐形成和发展。党和政府于 1993 年、1994 年、1997 年相继颁布了三个深化艺术表演团体改革的文件，强调了以适应市场经济体制改革的布局结构调整、评估制度、人事制度、完善文化经济政策等改革思路。在媒体行业，政府主管部门也陆续发布了《中国报协对有关报纸产业政策和体制改革的五项意见》《广播电视管理条例》《关于深化新闻出版广播影视业改革的若干意见》等政策，推动媒体行业沿着市场化方向进行改革的政策，调整组织结构，改革干部人事管理制度、工资奖金分配制度，改进宣传报道，建立新的激励机制、竞争机制和约束机制[①]，并寻求企业化发展、集团化发展、跨媒体发展、上市融资等新的发展趋势。这些改革措施提高了新闻报道的信息数量，增强了新闻的时效性、引导性、权威性以及可读性，进一步提升了报刊的发行量和广播电视节目的收听收视率。

---

① 韩永进：《中国文化体制改革 32 年历史叙事与理论反思》，人民出版社 2010 年版。

第三章　中国文化体制改革的探索阶段（1992～2002年）

（二）大众文化争论与市场化改革理念的形成

在国家政策引导下，尽管社会各界对文化领域的市场化、产业化有了更加深入的认识，但文化领域长期以来形成的意识形态观、工具价值、计划观念等思想仍然根深蒂固，制约了公众对文化的市场化、产业化改革的正确认知。因此，在20世纪90年代兴起了广泛的大众文化争论，正是通过这种理论和观念的争辩，进一步理清了文化的功能属性和定位，为文化的市场化产业化改革奠定了理念基础。

在国际上，文化产业最先以"文化工业"的概念出现于西方，是对近代科技发展带来的机械技术进步在文化领域引起的生产机械化和批量化的描述，是法兰克福学派对文化大众化的一种批判性话语。它所反映的社会文化现实是技术与科技的进步，不仅使农业社会进一步瓦解并向工业社会转型，形成物质生产领域的工业化，而且在精神、意识形态的艺术、文艺等领域也开始导引出工业化的生产趋向。"文化工业引以自豪的是，它凭借自己的力量，把先前笨拙的艺术转换成为消费领域以内的东西，并使其成为一项原则，文化工业抛弃了艺术原来那种粗鲁而又天真的特征，把艺术提升为一种商品类型。"[1] 霍克海默、阿多诺、马尔库塞等人对文化工业的批判并未朝着他们所预示的"文化工业的地位越巩固，就越会统而化之地应付、生产和控制消费者的需求，甚至会将娱乐全部剥夺掉"[2] 的趋势发展，相反的，娱乐产业、文化消费呈现出越发兴旺的趋势，并逐渐成为诸多国家国民经济中的重要产业支柱。

在我国，党的十四大明确社会主义市场经济体制的建设目标后，文化体制改革的市场化导向目标在对大众文化、文化市场化

---

[1]　霍克海默、阿多诺：《启蒙辩证法》，上海人民出版社2003年版，第151页。
[2]　霍克海默、阿多诺：《启蒙辩证法》，上海人民出版社2003年版，第161页。

等热点问题的理论争鸣基础上逐步明晰。对大众文化的研究，将文化观念从经典典籍中释放出来，凸显了现实生活的文化意义①，学术界的文化研究才真正涉入"与再现政治紧密相关"的"对活生生的文化的研究"②层面。批判者们认为大众文化本质上是现代工业社会产生的适应市场经济发展的公民文化。在他们看来，大众文化"其实是一种文化工业，商业原则取代艺术原则，市场要求代替了精神要求，使得大众文化注定是平庸与雷同"，但他们也承认"大众文化是现代社会不可避免的现象"。③倡言者们则认为，市场经济法则正越来越强烈地介入文化生产领域，市场化是大众文化的存在方式，也许正是在市场之中，大众文化获得了发展和创新的动力。④其他一些学者也持相近观点，认为大众文化的兴起是人民重新获得文化权力以后的一种必然结果，体现了民众的需求，而市场化取向的改革为大众文化的生产、流通和消费提供了必要的条件。⑤市场化趋势下大众文化的理论争鸣作为当时文化实践发展的一种学术自觉，通过在观念和思想层面上厘清精英文化与大众文化、艺术与商业、文化的事业与产业等多重关系，逐步明晰了文化体制改革的市场化导向目标。

到21世纪，市场化的改革取向已获得学者们的普遍认同。主流观点认为，文化体制的首要问题是计划体制与市场方式的矛盾，文化的市场改革是整个社会主义市场经济体系的一个重要的组成部分，改革应该在社会主义市场经济的框架体系内思考和规划。⑥

---

① 盛宁：《全球化语境下的"文化自觉"三议》，载于《当代外国文学》2008年第1期。

② 理查德·约翰森：《什么是文化研究》，载罗钢、刘象愚：《文化研究读本》，中国社会科学出版社2000年版，第47页。

③ 张汝伦：《论大众文化》，载于《复旦学报》（社会科学版）1994年第3期。

④ 邹广文：《当代中国大众文化及其生成背景》，载于《清华大学学报》（哲学社会科学版）2001年第2期。

⑤ 陈立旭：《新时期大众文化审视》，载于《中共浙江省委党校学报》1999年第2期。

⑥ 胡惠林、金元浦、单世联：《文化体制性障碍，该破了》，载于《社会科学报》2004年3月11日。

(三) 文化产业概念的正名

在国家政策的倡导、文化业界的实践探索和大众文化的争辩中，文化产业概念逐步合法化，并得到官方认可。

1992年，《中共中央国务院关于加快发展第三产业的决定》提出要以产业化的方式加快发展包括文化生产和服务在内的第三产业，确认了文化的"产业"性质。同年，国务院办公厅综合司编著的《重大战略——加快发展第三产业》书中首次起用"文化产业"一词。但这时官方并没有完全认可文化产业的概念，更多的是采用文化经济、文化市场的概念模糊代之。直至2000年10月，中国共产党第十五届五中全会通过的《中共中央关于制定国民经济和社会发展第十个五年计划的建议》中才第一次在中央正式文件里提出了"文化产业"这一概念，要求完善文化产业政策，加强文化市场建设和管理，推动有关文化产业发展。"文化产业"概念的官方"合法化"，标志着文化产业在我国经济社会发展中的地位得到了承认和认可，对我国文化体制改革具有决定性的影响，它标志着官方正式肯定了文化的多重属性功能，对文化的含义、意义、作用、地位等有了更为深刻和全面的认识，同时也进一步指明了文化体制改革的方向和目标。

从21世纪起，我国的文化产业进入了快速发展期。在制度层面上，文化部、新闻出版总署、国家广电总局等部门持续不断地提供着多层次、多维度的制度供给，地方政府也在国家文化发展方向的指引下纷纷出台地方性文化产业政策规章。在中央和地方的制度供给下，文化产业获得了快速发展的强劲动力。在学理层面上，我国文化产业的概念、内涵和范畴在不断争议中完善，为推动我国文化产业发展提供了坚实的理论基础和智力支持。

在这一时期，随着文化产业的概念逐渐得到认可，文化产业也获得了较为快速的发展。文化市场经历了20世纪90年代的调整和规范后，走向了健康有序的发展道路，市场运行机制和体系基本形成,娱乐市场、书报刊市场、音像市场、演出市场、文物艺术品市场、电影放映市场、艺术培训市场等专业市场初具规模,为文化产品、文化服务提供了较为顺畅的流通渠道和交易平台。文化产业的行业体系和结构体系初步形成,广告业、音像业、图书业、娱乐业、电影电视业不断发展,网络游戏业、信息内容业、动漫产业等行业初步萌生。新闻出版业、广电业、演出业等传统文化行业在体制改革的动力作用下不断推进转企改制的进程,市场化程度愈来愈高,行业的集团化发展和规模化经营程度达到了较高的程度,获得了较高的效益回报。

二、文化行业管理体制的改革调整

这一阶段,伴随社会主义市场经济体制的逐步建立,党和政府颁布了一系列重要文件推动中国文化体制的改革进程(见表3-2)。文化行业在经济环境变革的过程中明确了第三产业的定位及"事业单位、企业经营"的改革方向,改革沿着两条线索行进:一是以事业单位企业化管理来推动内部经营机制的转换;二是以组建文化集团推动结构调整和资源整合。沿着这两大改革方向,文化机构实行了行业管理体制改革和内部管理体制创新,并探索了企业化发展、集团化发展、跨媒体发展、上市融资等新的发展趋势。

表3-2 1992~2002年中国文化体制改革的主要政策演进

时间	文件	目标模式
1992年6月	国务院办公厅编著的《重大战略决策——加快发展第三产业》	明确提出了"文化产业"一说,这是我国政府主管部门第一次使用"文化产业"概念,也是我国政府部门首次对文化"产业"性质和地位的认可

第三章 中国文化体制改革的探索阶段（1992~2002年）

续表

时间	文件	目标模式
1992年6月	中国报协《中国报协对有关报纸产业政策和体制改革的五项意见》	报社从事办实业、旅游业、金融、贸易、经营房地产等跨行业经营活动不再受"与报业相关"范围的限制
1992年10月	党的十四大的《加快改革开放和现代化建设步伐，夺取有中国特色社会主义事业的更大胜利》报告	推进和深化文化体制改革，坚持走改革开放之路，积极推进文化事业改革。完善文化经济政策，大力发展包括文化产业在内的第三产业
1993年9月	文化部《关于进一步加快和深化艺术表演团体体制改革的通知》	完善艺术表演团体管理体制，改革劳动人事制度，培育发展演出市场
1994年3月	文化部《关于继续做好艺术表演团体体制改革工作的意见》	艺术表演团体建立充满活力的内部运行机制，实行演出补贴制度和考评制度，健全各项规章制度，依法管理艺术表演团体
1996年10月	党的十四届六中会全通过的《关于加强社会主义精神文明建设若干重要问题的决议》	改革要区别情况、分类指导，理顺国家、单位、个人之间的关系，逐步形成国家保证重点、鼓励社会兴办文化事业的发展格局。文化企事业单位要深化改革，加强管理，建立健全既有竞争激励又有责任约束的机制。这是我国第一次在中央决议提出文化体制的改革问题
1997年4月	文化部《关于继续深化艺术表演团体体制改革的意见》	艺术表演团体进行布局结构调整，实行艺术表演团体评估制度和考评聘任制，完善文化经济政策
1997年9月	国务院第61次常务会议通过的《广播电视管理条例》	依法规定在中华人民共和国境内设立广播电台、电视台的要求，对采编、制作、播放、传输广播电视节目等活动进行规范

续表

时间	文件	目标模式
2000年1月	文化部《文化产业发展的第十个五年计划纲要》	鼓励社会资本进入演艺业，推进文艺院团进行转企改制
2000年10月	中共十五届五中全会通过的《关于制定国民经济和社会发展第十个五年计划的建议》	第一次在党的中央会议中正式使用"文化产业"概念，要求深化文化体制改革，建立科学合理、灵活高效的管理体制和文化产品生产经营机制，完善文化产业政策，加强文化市场建设和管理，推动有关文化产业发展
2001年8月	中办、国办《中央宣传部、国家广电总局、新闻出版总署关于深化新闻出版广播影视业改革的若干意见》	全面规定组建文化集团的指导思想、原则、体制和融资渠道，第一次明确要求积极推进集团化建设，实行跨媒体、跨地区经营
2002年7月	中央办公厅《中共中央办公厅、国务院办公厅关于转发〈中央宣传部、新闻出版总署关于进一步加强和改进出版工作的若干意见〉的通知》	出版改革应借鉴经济领域改革的成功经验，重点培育出版集团和发行集团，在国有资本控股的前提下，对发行集团和省级新华书店等，实行股份制改造

（一）文化艺术行业的改革

承续20世纪80年代院团改革的"双轨制"思路，90年代的中国院团改革主要确定了"改革剧团体制，集中力量办好代表国家级艺术水平的剧团"的目标。1993年9月和1994年2月，文化部先后出台《关于进一步加快和深化艺术表演团体体制改革的通知》和《关于继续做好艺术表演团体体制改革工作的意见》两个重要文件。这两个文件不仅重申了80年代提出的一些改革思想和措施，还重点强调要在抓繁荣促精品的实践中推动艺术表演团体内部机制的改革,具体意见如下:一是重点调整艺术表演团体的布局结构,国家重点扶持少量的在国内外、省内外有重大影响,或具有实验性、示范性和民族代表性,或具有历史保留价值的艺术表演团体;办好地、县级艺术表演团体;提倡和鼓励社会办团。二是要求搞活内部经营机制,包括建立健全艺术表演团体独立法人地位;人事制度主要采用聘任制度,实现优化组合;分配制度实行艺术结构工资制;广开财源,增加收入;改善经营演出管理,培育发展演出市场等。在相关政策法规出台后,文化艺术业的改革举措主要有人事制度改革,即由过去的终身事业编制改为考评与聘用结合的模式,且进行工资绩效改革进而改变过去"大锅饭"的平均工资形式。改革在中直院团和地方院团两个层面展开。

1. 中直院团改革。

中直院团是文化部直属文艺院团的简称,中直院团虽自1979年以来就尝试了"承包制"和"双轨制"的改革,但改革收效甚微,仍存在内部机构繁杂,艺术人员冗余、老龄化严重等问题,院团整体活力欠佳,成为这一时期文化艺术业改革的重点。改革内容主要包括:设立科学合理的布局结构和考评制度;建立充满活力的运行机制;建立长期稳定的经费来源。

1994年3月文化部颁发了《关于进一步加快和深化文化部直属艺术表演团体改革的意见》以及四个配套文件,要求中直院团"建立以政府扶持,剧场调控为中心的演出机制;建立以聘用合同制为中心的人事制度;建立以有利于艺术上扩大再生产为中心的经营机制"。如此,全面开启了中直院团改革。中直院团改革的第一步是推行"演出补贴制"。演出补贴制旨在打破传统的国家对艺术院团财政拨款的"大锅饭"状况,把财政拨款分为两部分,一部分用于院团的基本开支,另一部分与院团的演出场次挂钩,并按照不同的艺术门类来核定演出场次和补贴金额,以此调动各院团演出的积极性。比如,京剧的演出场次为90场/

年,每场补贴5 700元;话剧90场/年,每场补贴5 300元;儿童剧45场/年,每场补贴5 300元;交响乐民乐75场/年,每场补贴5 300元;歌剧舞剧150场/年,每场补贴9 500元。①

1996年文化部颁布《文化部直属艺术表演团体布局结构调整及考评聘任的总体方案》,要求中直院团进行布局结构调整,并实行考评聘任制。布局结构调整的目标是实现国家优质艺术资源的优化组合,建设"具有导向性、示范性和代表性"的国家级剧院团。比如在原来中央乐团基础上组建中国交响乐团;在中央歌剧院和中央芭蕾舞团基础上组建中央歌剧芭蕾舞剧院;在中央歌舞团和中央轻音乐团基础上组建中国歌舞团;中国京剧院增设管弦乐队。中国歌剧舞剧院、中国京剧院、中央民族乐团、中央实验话剧院、中国儿童艺术剧院、中国青年艺术剧院、东方歌舞团不变。至1996年,将中直院团由以前的13个调整为10个,总体布局更趋合理。②

考评聘任制是中直院团改革的一大重点,考评聘任制旨在打破艺术表演团体僵化的人事制度,实现中直院团和艺术人员之间的"双向选择",建立人才流动机制,促进人才竞争和资源共享。考评聘任制的具体流程是:由文化部组建中直院团艺术人员应聘资格考评委员会,并按吹、拉、弹、唱、跳等艺术专业类别成立15个考评组,中直院团人员按专业分别参加评审考试,合格者被授予应聘资格证书,其后可到各院团应聘并签订聘任合同,双方据合同享有、履行各自的权利、责任和义务。1995年,文化部组建由210名专家组成的考评委员会,制定并颁布《考评大纲》。1996年4月10日至5月20日,中直院团举行了有史以来第一次大规模的专业技能考评,共有1 356人参考。同时对院

---

① 谢大京:《艺术管理》,法律出版社2016年版,第57页。
② 傅才武、陈庚:《艺术表演团体管理学》,湖北人民出版社2013年版,第170页。

团的领导班子推行"任期目标责任制",明确领导班子的职权和任务。通过一系列改革,中直院团真正实现了全员聘任制,重新焕发了活力。①

改革前中直院团机构臃肿、人员繁冗,人员演出积极性不高,年均演出场次仅200场。改革后人员变得精简,特别是演出补贴制打破了以往的"大锅饭"状况,使得人员的演出积极性明显提高,演出场次大大增加。1994年,中直院团共计演出1 196场,2000年全国文化系统2 619个艺术表演团体共新排演剧目4 855个,其中新创作并首演的剧目为2 228个,全年国内演出41万场,演出收入5.2亿元。②

2000年,文化部贯彻落实党中央、国务院关于进一步深化事业单位改革的有关精神,确定了建立健全艺术表演院团选拔领导干部机制、艺术生产机制、筹资机制和营销机制为改革切入点的思路。③ 此后,文化部出台了《文化部关于深化直属事业单位改革的若干意见》和《文化部关于深化直属艺术表演团体改革的若干意见》两份纲领性指导文件,以及《文化部直属事业单位领导人员管理暂行办法》《文化部直属事业单位收入分配制度改革指导意见》《文化部直属事业单位人员聘用暂行规定》《文化部直属事业单位人事争议调解暂行办法》四份配套文件,以增强对改革的指导与配合。中直院团由此获得了新的改革动力。

2001年,时任中共中央政治局常委的李岚清同志,在中直院团改革和创作座谈会上指出艺术院团改革"确立自主经营、独立运作的文化实体地位,不断加深社会化过程;建立科学高效的现代管理制度,不断增强市场竞争的综合实力;遵循艺术规律和

---

① 中华人民共和国年鉴编辑部:《中华人民共和国年鉴1997》,中国年鉴社1997年版,第800~883页。
② 江蓝生、谢绳武:《2001~2002年:中国文化产业发展报告》,社会科学文献出版社2002年版,第46页。
③ 中华人民共和国年鉴编辑部:《中华人民共和国年鉴2001》,中国年鉴社2001年版,第866页。

市场规律，树立精品意识，合理配置使用艺术资源"的三大目标，提出艺术院团改革工作的重点是"一个班子，四个机制"，即既要抓好艺术院团领导班子建设，又要在艺术生产机制、市场营销机制、分配激励机制、多渠道的集资机制等方面形成良好运行机制。2001年9月，江苏省京剧院等10个艺术院团进行资源整合，成立江苏省演艺集团，上海通过广电媒体与艺术院团"联姻"，建立委托管理模式，这两种新模式为我国文艺院团改革开创了新的路径。①

2. 地方院团改革。

在中央和地方政府的合力推动下，全国国有艺术表演团体的改革在合理调整布局、推广实施院团长负责制、院团人员考核聘任制、演出补贴制等方面取得了重要进展，院团的市场生存能力得到有效提高。

吉林省于1993年开始对市评剧团进行试点改革，改革的内容主要包括对领导干部实行聘任制、对职员实行聘用制、对分配实行拉开档次、向一线有突出贡献的演职员实行倾斜制度、对职称实行评聘分开的办法，并先后制定了《领导干部岗位责任制》《演职员聘用制实施细则》《差额补贴工资包干试行方案》《演出费发放办法》，将改革的举措制度化。②

海南省的艺术表演团体改革尝试走企业办艺术团体之路。省文化厅审批了"海南狮子楼京剧团""海南宝平杂技团""中国城艺术团""王海艺术团"和"中华艺术团"等企业办艺术团。这些艺术团多次参加省内接待国内外宾客的演出活动，受到好评。同时，继续重点推进省琼剧院、省歌舞团、省民族歌舞团等省直院团的体制改革。省琼剧院调整为3个演出团，实行团长聘

---

① 陈庚：《艺术表演团体改革与发展的中国式路径研究》，湖北人民出版社2013年版，第64页。

② 吉林省年鉴编辑部：《吉林市年鉴1994》，第472页。

任制和任期目标责任制,浮动工资与经济效益挂钩。省歌舞团实行演员业务考核,恢复正常练功和演出活动,仅1995年下半年就演出81场,收入17万多元。省民族歌舞团在抓基本队伍建设的同时,组织小型歌舞队进入歌舞厅演出,进一步融入演出市场,1995年全年演出146场,收入5万多元。①

昆明市以适应市场经济为目标推进剧团改革,重点强化内部管理,引入竞争机制,搞活演出活动,达到出人出戏出效益的目的。对市属剧团实行"多定"的目标管理,开展以文补文,多种经营的措施,增加与社会企业的联合。② 1995年,昆明的艺术表演团体改革开始采取一团一策的举措,以市花灯团为改革试点单位逐步推开。市花灯团推行团长负责制,建立完善的岗位聘任制,推行岗位津贴,工资与演出任务挂钩。③

山西省艺术表演团体继续深化体制改革,加大管理力度,狠抓艺术生产,积极演出,努力增收,取得较好的社会效益和经济效益。剧团机构人员逐年精减,布局结构日趋合理。1996年末,全省剧团共162个,比1983年减少了19个,减少了11.7%,减少的大都是县级集体经营剧团。改革后艺术生产焕发活力,演出名列全国前茅,全省1996年上演剧目117个,送戏到基层4.2万场,演出观众6 451万人次,演出收入2 829万元。④

这一阶段,随着社会主义市场经济体制的逐步建立,文化经济化、产业化趋势愈发明显,文艺院团的市场化改革取向得到不断加强,内部体制机制改革也日渐深入。

(二) 新闻出版行业的改革

新闻出版行业是我国文化领域的重要阵地。在延续前一阶段

---

① 海南省年鉴编辑部:《海南年鉴1996》,第98页。
② 云南省年鉴编辑部:《昆明年鉴1993》,第343页。
③ 云南省年鉴编辑部:《昆明年鉴1996》,第401页。
④ 山西省年鉴编辑部:《山西年鉴1997》,第451~452页。

改革的基础上，新闻出版机构继续推进机构布局调整，进一步深化了市场化和产业化管理改革，并逐步明确了集团化的发展方向。

1992年10月发布的《中国报协对有关报纸产业政策和体制改革的五项意见》强调报业经营活动不必再受"与报业有关"的范围限制。1994年1月24日召开的全国新闻出版局长会议提出，新闻出版业要"从由以规模数量增长为主要特征的阶段，向以质量效益为主要特征的阶段转移，管理手段要从行政管理为主转向宏观的依法管理为主，体制要从传统的事业管理为主转向产业管理为主，并进一步探索建立现代企业制度"。1996年中央"两办"针对报业竞争无序、重复办报、质量低下等情况，发出《关于加强新闻出版广播电视业管理的通知》，要求控制传媒数量，提高质量，下决心关停并转一批媒体。[1] 2001年8月《中央宣传部、国家广电总局、新闻出版总署关于深化新闻出版广播影视业改革的若干意见》发布，要求积极推进集团化建设，并允许国有大型企事业单位投资新闻出版业，但新闻出版业不得吸收外资和私人资本。2002年7月，中央办公厅下发《中共中央办公厅、国务院办公厅关于转发〈中央宣传部、新闻出版总署关于进一步加强和改进出版工作的若干意见〉的通知》，要求新闻出版业应"重点培育大型出版集团和发行集团"，"在国有资本控股的前提下，对发行集团和省级新华书店等实行股份制改造"。这些文件明确了新闻出版业的改革和发展方向，促进了新闻出版业的体制改革和资本运营。

在确认了新闻出版迈向市场的发展方向后，1992年以后，新闻行业的改革重点不再是媒介功能和媒介传播内容，而是媒介经营管理。这一阶段的改革举措可以概括为：

---

[1] 李良荣：《当前中国传媒业新闻改革的若干特点》，载于《采写编》2005年第1期。

第三章 中国文化体制改革的探索阶段（1992~2002年）

一是进行双轨制改革，建立与社会主义市场经济发展相适应的经营机制，将报社出版社的改革思路确定为"事业性质、企业管理"，即在保证党的新闻事业是党的耳目喉舌的前提下，以企业管理的方法来经营新闻媒介。① 具体为借鉴企业劳动、人事和分配三项制度改革经验，在劳动用工制度方面实行全员竞聘上岗，正式在编职工和聘用人员同工同酬；在干部人事制度方面实行中层干部竞聘上岗；在分配制度方面，通过目标管理考核等方法使员工收入与其工作业绩挂钩。② 如1998年哈尔滨日报集团就由事业法人转换为企业法人。

二是推动新闻出版业走产业化道路。1999年9月中共中央办公厅、国务院办公厅下发《关于调整报刊结构的通知》，该通知明确提出"政报分离"的原则，指出各级报刊都应走向市场，经济上实行自负盈亏。2000年，辽宁出版集团正式挂牌运营，成为中国出版界第一家真正实现政企分开、政事分开，并获得国有资产授权经营的出版产业集团。2002年，我国报业广告经营规模已达到188.48亿元，报业市场化程度已达到较高水平，报社实力也已得到了很大增强，如我国上海的新民文汇集团其资产已超过20亿元，广州日报2002年收入已达到27亿元。③ 我国报业所集聚的雄厚资金实力为其企业化转制奠定了基础。

三是调整内部结构，搞活媒介机制，实行社长负责制，完善出版社内部的各种承包责任制，建立起"分工合理、人员精简、反应灵敏"的管理新机制。1990年前后，吉林、四川等省的部分直属出版社试点社长负责制，提升经营管理部门的地位和作用，试图打破按政府行政部门对口设置部室的老模式，建立条块结合、采编合一、对外反应灵敏的新结构。同时，党报发行体制

---

① 李良荣：《中国新闻改革20年的三次跨越》，载于《新闻界》1998年第6期。
② 朱伟峰：《新闻出版体制改革40年》，载于《中国出版》2018年第20期。
③ 祈述裕：《中国文化产业国际竞争力报告》，社会科学文献出版社2004年版。

改革深入推进。据统计，截至 1997 年 4 月，在全国 2 200 多家报纸当中，自办发行达 766 家，《深圳特区报》1998 年自办发行后报纸发行数增长 25%。①

四是改革新闻出版管理机构，转变政府职能。2001 年 4 月，国务院决定将中华人民共和国新闻出版署调整为中华人民共和国新闻出版总署，升格为正部级，与国家版权局一个机构、两块牌子。到 2002 年，全国各省、自治区、直辖市均随之建立新闻出版行政管理机关，全国有 71 个地市、100 多个县建立了独立的新闻出版行政管理机构，其他地市县在文化局等加挂了新闻出版局的牌子，基本形成从中央到县区的一个国家、省（自治区、直辖市）、地市、县区的四级新闻出版管理体系。

五是创新报刊经营机制，进行报业股份制探索。自 1993 年起，社会资本开始以同报刊或其主办单位合作办报刊，以及直接承包报刊的版面、专栏两种方式进入报刊业。如 1997 年广东省新闻出版局创办新闻性的社会文化刊物《新周刊》，三九集团以提供纸张和投入 2 000 万元资金，获得《新周刊》的印刷、发行权；1999 年三九集团的"三九文化公司"又承担《深圳商报》的《焦点》月刊、《人生十六七》等杂志的全国发行业务。②1994 年 10 月中共金华市委的机关报《金华日报》在市委市政府的支持下进行了股份制改造，成为国内机关报内部最早实行股份制的报纸。改造的内容主要为：首先将报社资产分为国有资产、集体资产和个人资产三个部分，依次占总股份的 10.77%、69.23%、20%；其次按照现代企业制度组建新闻发展总公司，报社编辑部负责办报，经营活动从中抽离，报社总编辑代表国家行使对国有资产的管理权；最后股东大会选举公司董事会和董事

---

① 倪鹤琴：《新时期中国文化体制改革探寻》，浙江人民出版社 2011 年版，第 22 页。

② 孙正一、农秋蓓、柳婷婷：《我国新闻媒体资本运营情况初探》，载于《新闻记者》2004 年 3 月刊。

第三章　中国文化体制改革的探索阶段（1992~2002年）

长，董事会任命总经理，总经理行使经营管理权。其后，报刊界持续进行经营制探索，《成都商报》进行委托制经营，《购物导报》进行合伙制改革，《华商报》进行合作经营制。2001年8月，今晚报社成立了今晚报业集团控股有限公司，成为我国最先在外部实行股份制改革的公司。

总之，这一阶段新闻出版改革卓有成效。从1990年到2002年，我国的报纸由1576种增至2111种，增长34%，总印数达351亿份；各种期刊由6078种增至8899种，增长了46%；图书从74973种增长到154526种，全国建成了一批大型书城，各种形式的连锁店4000多家，图书网点74000多个，图书销售额增长了12倍。①

（三）广播电视电影行业的改革

广播电视电影行业是我国文化行业中进行市场化探索的先锋，改革开放以来一直在探索尝试各种市场经营手段，在这一阶段迎来了市场化改革的质的突破。

1. 广播电视业改革。

1992年6月，中共中央、国务院发布的《关于加快发展第三产业的决定》把广播电视业划归为第三产业，明确要求广播电视业必须和其他第三产业一样做到"自主经营、自负盈亏"，同时指出"现有的大部分福利型、公益型和事业型第三产业单位逐步向经营型转变，实行企业化管理"。而后又颁布了广电管理、审批法规。1996年5月24日广播电影电视部发布《广播电台、电视台设立审批管理办法》，明确了申请设立广播电台、电视台的资格标准。1997年8月1日，第228号国务院令发布了《广播电视管理条例》，条例的推行使我国广播电视播出机构的总量大

---

① 韩永进：《中国文化体制改革32年历史叙事与理论反思》，中国艺术研究院博士学位论文，2010年。

幅减少,并初步形成了布局较为合理、结构较为优化,效益提高、活力增强的发展格局。1998年,第九届全国人大第一次会议提出"在今后的三年内每年减少对广播电视财政支出的三分之一,三年后他们将实现完全的自收自支",如此,基本确立了我国广播电视台"自主经营、自负盈亏"的运营制度。上述一系列政策的出台将我国广播电视事业完全推向市场,激发了各广播电视台的发展活力。

这一阶段的改革举措主要有:

一是改革广播电台和电视台的预算管理机制,实行财务收支预算包干的管理手段。财政部于1991年至2000年对中央电视台和中央人民广播电台相继实行了财务收支预算包干管理方法。其中,中央电视台实行"核定收支、比例上交、超支不补、结余留用"的预算管理办法,电视台广告收入按预算外资金管理,免缴所得税;每年按照实际收入的13%上缴广电总局,统筹用于广播电视事业发展,同时可按全年实际收入减赞助收入后的3%和6%提取作为职工奖励资金和职工福利基金。① 包干办法极大地调动了干部职工的积极性,包干期间中央电视台的收入从1990年的1.2亿元增加到2000年的57.5亿元;电视节目从1991年的3套增加到2000年的9套;节目播出时间由1991年的平均每天31小时增加到2000年的156小时。中央电视台还累计投入资金12亿元,用于电视节目全球覆盖工作,电视节目信号在2000年已覆盖全世界98%的国家和地区。②

二是实施制播分离,灵活运营。所谓"制播分离"就是指把部分制作任务从电视台分离,由社会上的制作公司承担,电视台可以选择购买播出。1996年,国家广电总局发布《广电部关

---

① 曹普:《20世纪70年代末以来的中国文化体制改革》,载于《当代中国史研究》2007年第5期。

② 江蓝生、谢绳武:《2001~2002年:中国文化产业发展报告》,社会科学文献出版社2002年版,第46页。

第三章 中国文化体制改革的探索阶段（1992~2002年）

于〈认真贯彻党的十四届六中全会精神进一步加强和改进广播影视工作的意见〉》，意见指出，为进一步深化广播影视的各项改革，适当引入竞争机制，除新闻节目外，可逐步实行电视节目和制作播出相对分开的体制。这是我国第一次明文提出除新闻节目之外的电视节目实行制作和播出分离。自此，我国一些电台和电视台开始了影视制片和发行机制的积极探索。1996年中视经济影视中心为中央电视台经济频道制作创办的《欢乐家庭》栏目，作为国内第一档情景喜剧栏目，《欢乐家庭》栏目从创办之初就以公司化的方式进行运营，是中央电视台甚至是国内最早进行制播分离改革试验的栏目。1999年国务院办公厅转发信息产业部和国家广电总局《关于加强广播电视有线网络建设管理的意见》，开始在系统内正式公开讨论广播电视制作与播出分离的问题，该文件指出，为了优化广播电视内部资源，要求"无线有线合并，网台分营"，第一次明确了广播电视制播分离改革的走向。同年，国家广电总局在上海召开了全国广播影视系统内部管理改革座谈会，会议指出要"推进除新闻类节目外的其他广播电视节目播出与制作的分离，逐步发挥市场机制对广播电视节目制作的基础作用"，由此广播电视制播分离正式作为行业管理指导意见被明确提出。自2000年4月起，中央电视台体育频道、生活频道的节目开始实行"制播分离"。然而，2000年8月，广电总局召开"全国广播影视局长座谈会暨村村通广播电视现场会"时，提出"电视制作权、宣传权、覆盖权、经营权、播出权五权不能分离，五权必须统一"，不允许提"制播分离"，但是这一局面很快就被打破了。2001年中共中央办公厅发布《中央宣传部、国家广电总局、新闻出版总署关于深化新闻出版广播影视业改革的若干意见》，文件提出"允许系统外国有资产进入媒体"，正式认可了系统外资金和系统外制作主体的身份，从而对现行的广播电视制播体制提出了新的要求。

三是加强监管和审批。这一阶段的改革内容除节目改版、娱乐节目风行等内容上的改变外，最主要改革是管理体制上的改革，如停止重复设台，电视审批制度的实施等。针对第十一次广播电视会议提出的"四级办台"造成的重复设台问题，1996年中央办公厅、国务院办公厅发布《关于加强新闻出版广播电视业管理的通知》，该文件提出停止"四级办台"方针，广播电视业的治理重点是解决擅自建台、重复设台和乱播滥放的问题。[1] 在1995年2月召开的全国广播电影电视会议上，部长孙家正指出，"广播影视事业发展很快，不立章建制狠抓管理，就会出现混乱现象"。这次会议后，广播电视系统进行全面整治，按分级负责的原则，对全国电台、电视台进行检查。1996年12月，中央办公厅国务院办公厅发布《关于加强新闻出版广播电视业管理的通知》，1997年8月11日国务院发布《广播电视管理条例》，为广播电视业正在进行的治理乱象工作提供了政策依据。经过治理，广播电视行业得到不断规范，如广播电台、电视台的数量从整顿改革前的1 363座、923座下降到了299座、352座，广播覆盖率、电视覆盖率分别从整顿改革前的86.02%和87.06%上升到了91.5%和92.5%。[2] 2001年《关于深化新闻出版广播影视业改革的若干意见》下发后，中国广播电视系统开始了政企分开、政事分开、管办分开的尝试。2001年，北京将原北京电视台与原北京市有线广播电视台进行合并，组建北京电视台，并组建事业性的北京广播影视集团，包括北京人民广播电台、北京电视台、北京广播影视报刊社、北视和中北两大电视艺术中心、歌华文化、歌华有线电视网络、紫禁城影业、北京音像公司等企事业单位。[3]

---

[1] 艾苏：《贯彻中办国办37号文件，加强广电业管理》，载于《视听界》1996年第6期。

[2] 韩永进：《中国文化体制改革32年历史叙事与理论反思》，中国艺术研究院博士学位论文，2010年。

[3] 倪鹤琴：《新时期中国文化体制改革探寻》，浙江人民出版社2011年版，第20页。

第三章　中国文化体制改革的探索阶段（1992~2002年）

总之，这一阶段的广电行业改革与发展取得了明显成效，首先提高了电视广播覆盖率。1998年初，国家广电总局正式提出在20世纪末基本实现通电行政村"村村通广播电视"的目标和要求。1999年元旦，国家广播电影电视总局成功启动了"村村通"卫星广播电视一期工程，到2000年底，基本实现了"村村通广播电视"的目标。① 这一阶段广播人口覆盖率从1992年的75.6%上升至2000年的92.74%，电视人口覆盖率从1992年的81.3%上升至2000年的93.65%。这一时期的电话剧集制作和播放达到平均每年5 000~6 000集。② 电视广告收入开始超过报纸广告收入。

2. 电影业改革。

20世纪90年代是我国电影体制的全面改革时期，为21世纪以来中国电影产业的繁荣奠定了基础。1993年1月，广电部发布了《关于当前电影行业机制改革的若干意见》及其实施细则，将国产影片由中影公司统购统销改为自主发行，打破了中影公司的垄断，这使制片厂拥有了向国外发行影片的自主权，全国32家省区市级电影发行公司获得了影片发行权。同年，新影厂、科影厂相继划属中央电视台，电影业就此开启了影视合流的改革。1994年8月广电部发布了《关于进一步深化行业机制改革的通知》，明确从1995年1月起，各制片厂可以向各级发行、放映单位发行自己的影片。这一文件认可了电影行业所有企业的经营自主权，明确电影制片厂可以直接进入市场，促进了市场主体的形成。1995年1月，广电部发布了《关于改革故事影片摄制管理工作的规定》，明确除原来国务院批准拥有故事片出品权的制片厂外，无权独立拍片的各省、区、市国有电影制片厂也有拍片

---

① 俞德育：《卫星广播电视"村村通"及其新发展》，载于《世界广播电视》2001年第6期。

② 《中国广播电视统计资料2001》，2001年版。

权,同时任何社会法人组织只要投资额占到70%以上,即可与制片厂共同署名"联合摄制"影片。自此,中国电影市场对世界开放,进口大片开始参与至国内电影市场竞争之中。1996年7月,全国电影制片厂建制划属广电部门管理。1997年广电部电影局发布《关于试行〈故事影片单片摄制许可证〉的通知》,宣布制片(出品权)进一步放开,从"机关、企业、事业单位和其他社会团体"到"个人以资助、投资的形式"均可"参与摄制电影片",打破了制片厂的摄制垄断。1998年广电总局印发《〈故事影片单片摄制许可证〉试行办法》,完全撤销了国有制片企业的垄断保护权利,电影制片、发行、放映领域的准入门槛逐步降低,我国电影投资主体多元化的格局初步形成。这一时期电影业主要的改革举措包括:

一是转换经营机制,推进国有电影业集团化和股份制改革。1993年3月上海永乐公司成立,成为我国第一家电影股份制公司。1997年紫禁城影业有限责任公司由北京电视台、北京电视艺术中心、北京市电影公司和北京文化艺术音像出版社按比例出资,联合组建,成立后积极探索跨部门资源整合,正式以现代企业的身份进入电影市场。1998年辽宁以发行公司为龙头组建了北方股份有限公司,减少发行层次,并同60家影院联合经营,组织拍片,形成一条龙的经营发展模式。[①] 1999年原中国电影公司、中国儿童电影制片厂、中国电影合作制片公司、中国电影器材公司、电影频道节目中心、华韵影视光盘有限责任公司等8家企业组建中国电影集团公司。2000年西安电影厂吸纳集体和民营资本,改组为西安影视股份公司。

二是进行"院线制"推广。1995年中国第一个省内电影院线公司——上海东方院线成立,打破了原市级公司独家垄断上海

---

① 倪鹤琴:《新时期中国文化体制改革探寻》,浙江人民出版社2011年版,第20页。

电影市场的格局。该院线公司由上影集团东方影视发行公司和上海影城等13家影院共同组建,是最早开始院线制经营的电影公司。1999年,国家启动了全国电影院计算机联网售票管理系统建设工程,进一步促进了电影院线的发展。2001年12月18日,广电总局与文化部联合颁发了《关于改革电影发行放映机制的实施细则》,进一步为推行院线制提供了理论导向与政策支持。2002年6月1日,全国23个省(市)的30条院线正式挂牌营业,其中,11条为跨省院线,19条为省内院线,同时北京、上海、湖北、湖南、广东、四川、江苏、浙江等8个省(市)已率先完成了两条院线的组建工作,而江苏和浙江则分别组建了3条院线。[①]

三是激活农村电影市场,实施农村电影"2131工程"。1993年3号文件提出县级公司购买农村16毫米拷贝的权力。1995年,广电部发布《关于改进和加强农村16毫米影片发行放映工作的通知》,进一步放开16毫米影片的发行放映权,任何一级发行公司和集体、个人的放映单位均可自由购买、拷贝,每个16毫米拷贝购买者可以购买全国农村放映权,可以在全国县城以下(不含县城)的广大农村放映。这一运行机制,激活了农村电影放映市场。1998年文化部、国家广播电影电视总局联合发改委,实施了农村电影放映"2131"工程,即在21世纪初,实现一村一月一场电影。如此,农村电影开始探索"政府扶持与市场开发"相结合的发展道路。

总之,这一阶段的广电行业改革与发展取得了明显成效。截至2002年底,全国共有35条院线,加入院线的电影院共1036座,银幕数共1906块;与境外合资的电影院有16家;农村电影

[①] 祈述裕:《中国文化产业国际竞争力报告》,社会科学文献出版社2004年版,第138页。

放映队近 30 000 个,分别为国有、集体和个体所有。① 1993 年 4 月 16 日,北京电影制片厂与上海永乐影视股份有限公司在上海签订《狮王争霸》发行合同,是改革后第一部走向市场的影片。这一时期还兴起了一批优秀的民营影视公司,如 1996 年成立的北大华亿影视文化公司,1997 年成立的北京新画面影业有限公司,1999 年成立的博纳文化公司。

三、文化行业的集团化与资本化

1992 年党的十四大和 1993 年党的十四届三中全会确立的社会主义市场经济体制的基本框架和宏伟蓝图,营造了中国文化传媒行业进行集团化和资本化发展的基本环境。20 世纪 90 年代初,国家出台了一系列引导文化和传媒产业发展的政策,不断彰显文化与传媒的经济属性,为文化与传媒市场化、产业化谋篇布局。组建传媒集团、促进传媒集团的资本化是这一时期中国文化体制改革政策的主要侧重点。

(一) 文化产业集团的组建

文化产业集团组建最早出现在报业领域,随后拓展至出版业、广电行业。产业集团的组建标志着我国文化产业业态的新变,逐步开启了从小、散、乱的粗放型发展模式向集约型发展模式的转型。

1. 新闻出版业的集团化。

1992 年 6 月,中共中央国务院《关于加快发展第三产业的决定》将新闻出版行业列入第三产业,鼓励进行产业化发展。在

---

① 刘凌:《中国影视产业国际竞争力发展分析》,载于《云梦学刊》2006 年第 2 期。

确认了新闻出版业迈向市场化的发展方向后，1996年《广州日报》报业集团正式挂牌，成为中国新闻史上第一家报业集团，自此中国报刊业开始进入了集团化、产业化的发展阶段。1998年报业集团试点范围扩大至文汇新民联合报业集团、南方日报报业集团、羊城晚报报业集团、经济日报报业集团、光明日报报业集团，之后范围继续扩大。

为了进一步探索我国新闻出版业集团化发展最佳模式，2001年8月，中共中央宣传部、国家广播电视电影总局、新闻出版总署下发了《关于深化新闻出版广播影视业改革的若干意见》，该文件对当时中国的文化体制改革进行了经验总结和反思，并对新闻出版业的改革作出全面战略部署，指出深化文化体制改革要以集团化建设为重点和突破口。2002年7月，新闻出版总署出台了《关于新闻出版业集团化建设的若干意见》，该文件明确指出我国新闻出版业改革应"重点培育大型出版集团和发行集团"。除此之外，新闻出版总署还陆续出台了《关于规范新闻出版业融资活动的实施意见》等八个关于新闻出版业集团化、资本化建设的实施文件，以党报牵头、子报盈利的报业集团模式开始在全国普遍推行。截至2002年，中国报业集团达到39家，以省委党报、省会城市市委党报为中心组建报业集团成为全国报业的基本格局。这些集团以事业性为主，也有一些属于企业性质，如辽宁出版总社集团于2000年改造为辽宁出版集团公司，由辽宁省政府授权经营，明确为国有独资公司。出版方面，从20世纪90年代开始，我国出版社数量的增长速度变缓，但出版业的经营规模却快速发展。图书销售从1991年的186.36亿元增长到1997年的461.64亿元。同时，我国第一家出版集团——上海世纪出版集团在1999年2月正式成立。传媒业的高速发展不仅体现在传媒数量迅速增加，还体现在广告收入的飞速增长。在十来年时间内，整个传媒业广告收入平均每年增长30%以上，从1992年底的 35 亿元增长到 2003 年底的 1 000 多亿元。① 集团化的发展模式有效地整合了行业内的文化资源，并且在管理方式、运作机制等方面实现了市场化的改进，实现了经济效益和社会效益的双赢。

2. 广播电视电影业的集团化。

1992 年《关于加快发展第三产业的决定》要求广播电视业必须和其他第三产业一样做到"自主经营、自负盈亏"。1998 年第九届全国人大第一次会议提出要"在 3 年内取消包括电视台在内的部分事业单位政府财政拨款"，明确要求"电视台等事业单位在 3 年内全部实行自收自支"。一系列文件的出台为中国广播电视事业开启了市场化、资本化的道路，一批实行公司化发展的广播电视有限公司纷纷成立。

1999 年 6 月 9 日，全国首家广播电视集团——无锡广电集团正式成立，广电集团化拉开了序幕。1999 年，国务院办公厅 82 号文件提出要在各省、自治区和直辖市内组建包括广播电台、电视台在内的广播电视集团。在这一政策背景下，湖南电广传媒集团于 2001 年成立，成为我国第一家省级广电传媒集团。2001 年 8 月，中共中央宣传部、国家广播电视电影总局、新闻出版总署下发了《关于深化新闻出版广播影视业改革的若干意见》，该文件要求新闻出版广播影视业积极推进集团化建设，组建一批以资本和业务为纽带的具备较强综合竞争力的大型传媒集团，进行多媒体兼营和跨地区经营，开展多渠道融资，即在保证国有控股的情况下，可适当吸纳国内外非国有资金，并允许经营性资产的上市，贯彻落实文化走出去战略。到 2002 年初，我国北京、上海、广东、江苏、浙江、四川等地，共涌现出包括中国广电集团在内的 12 家广电集团和 5 家电影集团。截至 2002 年 5 月底，在电影

---

① 李良荣：《当前中国传媒业新闻改革的若干特点》，载于《采写编》2005 年第 1 期。

改革中，上海电影集团公司、中国电影集团公司、长春电影集团公司相继组建成立，全国23个省市还组建了30多条电影院线。我国广电集团化建设初见成效。

但是这些广电集团多是以行政力量实现整合，存在着集团事业职能、产业职能定位不清，资金来源渠道单一等问题，传媒集团的组织结构、职能定位、融资渠道等方面仍有许多需要改进之处。随着2001年12月中国加入世界贸易组织，各行各业必须严格遵循WTO的各项贸易规则，参与全球竞争。为了缓解"入世"带来的国际文化竞争压力，也为了解决广电集团组建时存在的矛盾与问题，国家开始进一步支持广电集团的发展。2002年7月，新闻出版总署出台了《新闻出版总署贯彻落实〈关于深化新闻出版广播影视业改革的若干意见〉的实施细则》，该文件不仅明确了广播影视集团是集广播电台、电视台、电影制片厂、传输网络公司、互联网站以及报刊、出版、科技开发、广告经营、物业管理于一体的综合性传媒集团，还规定了广播影视集团的事业性质与企业化管理结构，从宏观管理体制、微观运行机制、政策指导纲领、法律规范体系、对外开放格局、社会主义市场经济环境等角度，对我国新闻出版广播影视业在集团化建设方面的探索与创新进行了指导，有力地推进了我国新闻出版广播影视业的集团化建设。

（二）文化机构的上市融资

社会主义市场经济体制的逐步建立为文化机构的资本化奠定了基础。1996年党的十四届六中全会决议强调，"要适应社会主义市场经济的要求，建立规范有效的筹资机制，逐渐形成对精神文明建设多渠道投入的机制"，明确了媒体等文化机构筹资机制的多元化方向。同时，国家对文化机构提升自主经营能力、筹措资金的能力提出了明确要求。2001年8月，中共中央宣传部、国家广播电视电影总局、新闻出版总署发布《关于深化新闻出版广播影视业改革的若干意见》，允许国有大型企事业单位投资新闻出版业。在此基础上，2001年中国证监会发布了新版《上市公司行业分类指引》，将传播与文化产业定为上市公司13个基本产业门类之一，其中，传播与文化产业又主要分为出版、声像、广播电影电视、艺术、信息传播业等五个大类。证监会首次将传媒业作为一个基本门类予以规范，使传媒业的上市融资正式进入规范化和常态化发展阶段。

在新闻出版业，1999年6月，由《成都商报》绝对控股的子公司成都博瑞投资有限责任公司，受让成都市国有资产管理局持有的上市公司四川电器2 000万股国有股，并通过资产置换将报纸经营性资产注入上市公司，达到借壳上市融资的目的，成为我国第一家上市的传媒公司和中国报业的第一股。[①] 2001年赛迪传媒通过信息产业部计算机与微电子发展研究所（CCID）直属的赛迪集团，以其名下控股的"中国计算机报社"借壳上市。

在广播电视影视行业，1992年上海东方明珠在上海证券交易所成功上市。1997年中视传媒股份有限公司（原无锡中视影视基地股份有限公司）上市，成为中国第一家兼营影视制作和文化旅游业的上市公司。1999年湖南广电总局把湖南卫视、湖南经视、《湖南广播电视报》等媒体的广告经营权打包纳入湖南电广传媒，湖南电广传媒公司随后在深圳证券交易所上市，成为中国第一家置入广告经营业务的上市公司，被称为"中国传媒第一股"。2001年，北京歌华有线电视网络股份有限公司也在上海证券交易所挂牌上市。

随着文化产业的不断发展，更多的文化企业纷纷通过各种途径进行上市融资，有力地推动了文化传媒机构的产业化和市场化步伐，培育了一批领军型的大型文化企业。

---

① 孙正一、农秋蓓、柳婷婷：《我国新闻媒体资本运营情况初探》，载于《新闻记者》2004年第3期。

第三章　中国文化体制改革的探索阶段（1992～2002年）

四、体制外增量的改革发展

在建立社会主义市场经济体制的过程中，非公有制经济的地位逐步得到提升。党的十五大报告明确提出以公有制为主体、多种所有制经济共同发展的社会主义初级阶段的基本经济制度。在这种政策导向之下，非公有制经济的合法地位得到进一步确认，市场准入门槛不断放宽，促进了体制外增量的不断发展。

（一）民营剧团的快速发展

1988年院团"双轨制"发展思路的提出使我国民营文艺院团重回历史舞台。随着1990年代初期社会主义市场经济的提出，文化领域迎来了新一轮的发展变革。在此阶段，国有文艺院团在体制内探索相应的改革发展之路，民营文艺院团则抓住市场经济的发展契机，在文化市场中日益壮大。民营文艺院团的快速发展很好地弥补了国有文艺院团发展不足的问题，成为活跃于中国演出市场，尤其是基层农村的重要力量。

在政策层面上，政府于20世纪90年代开始鼓励"社会办团"。1993年9月，文化部发布《关于进一步加快和深化艺术表演团体体制改革的通知》，明确指出："改革的目标是……实行各类院团多轨并存，保住国家重点，放开社会办团"，要"提倡和鼓励社会办团。积极支持集体、个人办团，支持和发展民间职业剧团、农村家庭剧团以及各种形式的演出队……这些剧团在表演团体总体布局中所占比例应该扩大。各级文化主管部门对这部分艺术表演团体实行社会化管理，给予平等竞争条件，在创作、演出、奖励等方面一视同仁，充分发挥其应有的社会作用"。1994年2月，为进一步推动艺术表演团体的改革发展，文化部又下发《关于继续做好艺术表演团体体制改革工作的意见》，提出继续以"实行各类院团多轨并存,保护国家重点,放开社会办团"为改革目标,同时指出要"加强艺术表演团体的法制管理,制定《关于社会办团的管理规定》,加强社会化艺术表演团体在政策上的管理"。1997年2月,文化部在《文化事业发展"九五"计划和2010年远景目标纲要》中提出民营文艺院团的基本任务和具体目标,指出要"进一步加强县级剧团和民间职业剧团的管理"。同年4月,文化部颁布《关于继续深化艺术表演团体体制改革的意见》,强调进一步加强"社会办团",逐步形成国家保住重点、鼓励社会办团的发展格局。1998年11月,文化部在《关于进一步加强农村文化建设的意见的通知》中提出要扶持民办文艺团体,大力发展农民业余文艺演出队,鼓励农民自编自演、自娱自乐。2001年10月,文化部印发《文化部关于"十五"期间文化建设的若干意见》和《文化部关于深化文化事业单位改革的若干意见》的通知,指出要鼓励、扶持多种所有制民间职业剧团和业余文艺团体;鼓励社会力量举办或通过赞助、参股等方式联合举办艺术表演团体。国家政策的陆续出台和完善,使体制外民营剧团的发展环境得到不断优化(见表3-3)。

表3-3　　1992~2002年关于民营院团的相关政策规定

日期	文件名	主要政策内容
1993年9月23日	《关于进一步加快和深化艺术表演团体体制改革的通知》	实行各类院团多轨并存,保住国家重点,放开社会办团;支持和发展民间职业剧团,实行社会化管理
1994年2月28日	《关于继续做好艺术表演团体体制改革工作的意见》	对于社会化管理的艺术表演团体,要给予平等竞争的条件,在创作、演出、奖励等方面要一视同仁,充分发挥其应有的社会作用

第三章 中国文化体制改革的探索阶段（1992～2002年）

续表

日期	文件名	主要政策内容
1997年2月5日	《文化事业发展"九五"计划和2010年远景目标纲要》	进一步加强县级剧团和民间职业剧团的管理，稳定基层专业艺术队伍
1997年4月3日	《关于继续深化艺术表演团体体制改革的意见》	逐步形成国家保住重点、鼓励社会办团的发展格局
1998年11月26日	《关于进一步加强农村文化建设的意见的通知》	扶持民办文艺团体，大力发展农民业余文艺演出队
2001年10月18日	《文化部关于"十五"期间文化建设的若干意见》和《文化部关于深化文化事业单位改革的若干意见》	鼓励、扶持多种所有制民间职业剧团和业余文艺团体

在国家政策的鼓励和扶持下，民营院团获得了较大的成长和发展空间。民营院团积极通过自主经营、自主决策促进自我发展，成为我国演出市场上不可或缺的市场主体，极大地丰富了广大人民群众的文化生活。在"八五"时期，社会业余文艺创作演出十分活跃，每年一度的文化部"群星奖"，五年间共评出优秀作品和节目金奖75个，银奖150个，铜奖250个①。1998年民间职业剧团总数为2 952个，已超过全国国办剧团和集体剧团的总数。②根据文化部艺术司调研组于1999年5月至6月对福建和浙江两省民间职业剧团的调查显示，截至1999年，福建全省有民间职业剧团580个，浙江全省有民间职业剧团337个。在演出场次上，福建民间职业剧团全年演出超10万场，浙江台州地区78个民间职业剧团1997年演出36 500场，观众达2 340万人

---

① 文化部：《文化事业发展"九五"计划和2010年远景目标纲要》，1997年2月5日。
② 蒋昌忠、宋丹娜：《转型期艺术表演团体改革模式研究》，湖北人民出版社2002年版。

次，嵊州地区 100 多个民间职业剧团（其中 40 个常年演出）1998 年演出超 15 000 场。在剧团收入情况上，据浙江台州统计，1997 年剧团平均收入 25 万~30 万元。闽浙两省的民间职业剧团发展情况在全国具有相当的代表性。① 北京地区的民营院团也在此期间获得了飞速发展。2002 年，北京有艺术表演团体 110 个，其中社会办团 51 家，占 46%，整个社会办团从业人员近 3 000 人，注册资金 2 763 万元，全年演出 6 618 场，收入 2 859 万元，超过了市属国办院团。②

民营剧团作为国家体制外的增量，在国家政策的鼓励和扶持下，积极利用市场规则，逐步成长为我国演艺市场的重要力量。民营文艺表演团体以市场需求为导向，充分发挥市场机制的作用，积极进行文艺创作和艺术生产，扎根基层和农村演出市场，形成了对国有文艺院团发展的有效补充。

（二）民营影视机构的兴起

中华人民共和国成立以后，我国影视行业主要由国有文化机构垄断，民营资本禁止涉足影视行业。20 世纪 90 年代，有关民营资本进入影视制作的合法性政策一直处于空白状态，民营电视节目制作机构因此被称为"刀刃上的舞者"③。1992 年，国务院发布《关于加快发展第三产业的决定》，把文化产业列入第三产业，把文化部门由财政支出型部门定位为生产型部门。同时，伴随着社会主义市场经济体制建设目标的确立，有限的国有资本逐渐无法满足影视发展的需要，影视业急需非国有资本的补充。在此情况下，政府对民营资本的政策限制逐渐松动，民营影视机构

---

① 蒋昌忠、宋丹娜：《转型期艺术表演团体改革模式研究》，湖北人民出版社 2002 年版。
② 张新建：《关于对优化首都北京文化演出市场的几点建议》，搜狐网，2008 年 6 月 9 日，http://news.sohu.com/20050122/n224059818.shtml。
③ 宋蕾：《民营电视节目机构：从边缘向中心挺进》，载于《视听界》2007 年第 1 期。

获得了新的发展机遇。这一时期国家关于民营影视机构的主要政策如表3-4所示。

表3-4 1992~2003年关于民营影视机构的相关政策规定

年份	会议或文件名称	具体内容	意义
1993	广播电影电视部《关于当前深化电影行业技术改革的若干意见》和《实施细则》	要求改变国产影片"统购统销"的局面，调整制片、发行、放映三者之间配上的不合理状况	电影体制改革的正式启动，电影创作与投产决策面向市场
1995	国家广播电影电视部《关于加强影视制作经营机构管理工作的通知》	加强对影视制作经营机构的管理，建立日常考核制度和制作经营行为档案，实行年度核检制度	抑制了民营影视企业的发展，使得很多刚诞生的民营影视企业陷入了困境
1995	国家广播电影电视部《影视制作经营机构管理暂行规定》	个人、私营企业原则上不设立影视制作经营机构，境外组织和个人不得单独或与境内组织和个人设立、经营影视制作经营机构	"原则上不设立"的限制，阻碍社会资本的进入
1996	国务院（国务院办公厅）《中共中央办公厅国务院办公厅关于加强新闻出版广播电视业管理的通知》	提出要严格审批、管理电视剧制作单位和拍摄许可证，保证电视剧制作质量	限制了民营影视机构的民间发展
1996	全国电影工作会议在长沙举行	提出推进影视一体化，拓宽电影资金渠道等四项政策	开始鼓励民营资本进入电影产业

续表

年份	会议或文件名称	具体内容	意义
1997	国务院（国务院办公厅）发布《广播电视管理条例》	设立电视剧制作单位，应当经国务院广播电视行政部门批准，取得电视剧制作许可证后，方可制作电视剧	通过准入和许可证审批允许民营影视的发展
1997	全国新闻全国新闻广播电视业改革座谈会召开	调整广电产业的所有制结构以及股份制改革等试点问题	对民营电视机构的发展起到了促进作用
2001	中共中央办公厅颁布《中央宣传部、国家广电总局、新闻出版总署〈关于深化新闻出版广播影视业改革的若干意见〉的通知》	该文件允许媒体进行开放经营，经营性资产可以上市	民营资本可以名正言顺地进入影视传媒产业
2001	《关于实行广播电视节目制作发行行业准入制度的实施细则》	取消了"个人、私营企业原则上不设立影视制作机构"的条款	极大地促进了境内民营影视机构的发展
2002	国家广播电影电视总局制定了《关于取得〈摄制电影许可证（单片）〉资格认证制度的实施细则》	规定凡我国境内地市级以上电影单位和电视台、电视剧制作单位，可向国务院广播电影电视行政部门申请领取《摄制电影许可证（单片）》	开始放宽民营资本对影视剧制作投资的限制
2002	国家广电总局颁布新《电影管理条例》	规定民营公司也可申请《摄制电影许可证》独立拍片	中国电影的制作、发行、放映开始向民营资本全方位开放

第三章 中国文化体制改革的探索阶段（1992~2002年）

续表

年份	会议或文件名称	具体内容	意义
2002	中国共产党第十六次全国代表大会召开	非公有制经济当作社会主义市场经济的重要组成部分，强调要"一手抓公益性文化事业、一手抓经营性文化产业"	民营影视机构的存在和发展有了相应的政策认可与法律基础

随着国家政策法规对民营影视机构的导向逐渐从"禁止""限制"转向"默认""鼓励"，民营影视机构在社会主义市场经济发展浪潮中获得了生机，逐步兴起并成长起来。这一时期各地涌现了大量集电视节目、电视剧制作与电影制作与发行于一体的专业型民营影视机构：

第一，形成了一批以电视节目制作为主要业务的民营影视机构。1994年，我国第一家民营传媒电视机构——嘉实广告文化发展有限公司在北京成立。嘉实广告文化发展有限公司以专业电视节目的制作及销售代理为主要业务，拥有明确的电视节目制作和营销定位以及较为现代的市场运作模式和手段，自1996年3月起开始向全国各省市电视台推出自制的影视系列节目，如《影视新干线》《新闻故事》《相约星期六》《中国流行音乐雷霆榜》等，覆盖范围超过200家地方电视台。嘉实广告文化发展有限公司的成立代表着中国民营电视企业的兴起，其后我国民营电视风起云涌。1994年，从事影视剧策划、创作和拍摄的北京英氏影视艺术有限公司成立，是获得国家广播电影电视总局批准认证的甲种"电视剧制作许可证"的民营影视制作机构。1995年唐龙国际传媒公司成立，该公司定位是成为中国影视节目集群内容的提供商，并提供节目的各项相关增值服务。日供6小时成品节目和5小时素材节目，发行至全国300多个大中城市的600多个电视频道，是国内版权内容供应商之一。1997年，北京其欣然广告艺术有限责任公司成立，1998年，其欣然作为授权制片公司直接参与了大型互动式娱乐节目《幸运52》的节目创立和商业运作，其后又与央视合作开发《金苹果》（CCTV-1）、《大风车·玩偶1牵1》（CCTV-1）、《蓝图见证》、《青春作伴》、《健康生活》、《超市大赢家》、《亲密爱人》等创意类节目。2001年，北京其欣然影视文化传播有限公司应运而生。1998年北京光线传媒股份有限公司成立，集电视节目制作与发行、电影投资、制作与宣发、电视剧投资与发行、艺人经纪、新媒体互联网、游戏等业务于一体，是中国最大的民营传媒娱乐集团。该公司于1999年7月1日推出自制的第一档节目《中国娱乐报道》，截至2003年共推出了12档电视栏目，每日的节目制作量近5.5小时，在全国近300个电视台600台次播放等。[①] 1998年北京金英马影视文化有限责任公司成立，是一家主要致力于影视剧拍摄的专业影视制作公司。1999年北京银汉文化传播有限公司成立，是国内电视台生活类电视节目、网络新媒体视频内容提供商。2001年海润影视制作有限公司成立，是当时国内最大的民营影视制作公司之一，是国内第一批获得国家广播电影电视总局批准认证的甲种"电视剧制作许可证"的民营影视制作机构。该公司每年的电视剧产量达到了40集左右，先后推出了《拿什么拯救你，我的爱人》《重案六组》等热门电视剧。2002年北京华录百纳影视有限公司成立，是具有国家广播电视总局颁发的《电视剧制作许可证（甲种）》的专业影视公司。2002年北京欢乐传媒投资有限公司成立，该公司以喜剧综艺节目的投资、制作、广告销售、跨媒体整合营销和宣传推广为主要经营业务，于1999年1月开始制作发行《欢乐总动员》，截至2002年共生产了5档节目。

---

① 宋蕾：《民营电视节目机构从边缘向中心挺进》，载于《视听界》2007年第1期。

第三章 中国文化体制改革的探索阶段（1992～2002年）

第二，形成了一批以电影制作与发行为主要业务的民营影视机构。1994年华谊兄弟广告公司成立，成为我国最有影响力的民营影视公司之一。1999年其拍摄的《没完没了》在国内获得3 500万元票房，2000年拍摄的《一声叹息》在国内获得2 000万元票房，《大腕》在国内获得4 300万元票房。1996年北京北大华亿影视文化有限责任公司成立，是一家从事影视制作、宣传发行、影视文化项目开发、演艺经纪的专业公司。2001年其投资的《卧虎藏龙》不仅在国内获得了1 400万元的票房，而且荣获了奥斯卡最佳外语片等四项大奖。1997年由张艺谋担任艺术总监的北京新画面影视有限公司成立，成为中国大陆最具商业竞争力的民营电影生产和发行企业之一，其投资的电影《有话好好说》在国内获得4 600万元票房，《一个都不能少》在国内获得3 000万元票房，2002年拍摄的《英雄》不仅在国内获得25 000万元票房，占据了2002年全国总票房的25%、国产片票房的50%，第一次在国内大败了好莱坞电影大片，创造了2002年中国的票房奇迹，而且在北美地区获得200万美元发行权，在日本更是获得500万美元发行权。1997年，集影视策划、制作、营销为一体的北京紫禁城影业有限责任公司成立，是一家大型专业影视制作公司，不仅制作了大量荣获海内外大奖的影视作品，而且还形成了一条包括策划、制作、宣传、发行和衍生品开发等各环节在内的完整的运营机制，被影视界称为"紫禁城模式"，1999年拍摄的电影《不见不散》在国内获得3 900万元票房。1999年北京博纳文化交流有限公司成立，既是中国最大规模的以电影发行为核心竞争力的专业化电影公司，也是国内首家获国家广电总局电影局颁发的"电影发行许可证"的民营公司，1999～2003年是该公司以电影发行为核心业务的发展阶段，共发行《我的兄弟姐妹》《和你在一起》《天脉传奇》《老鼠爱上猫》《加勒比海盗》《无间道Ⅲ》等34部影片。2001年9月，星美传媒集团有限公司以3.2亿元人民币资本金在国家工商局注册成立，旗下共有星美影视文化传播公司、星美东方电视艺术公司、华夏文化传播有限公司、飞腾制作有限公司四大影视制作公司，并在国内形成影院建设与院线发行、内容制作与频道经营、音像发行与连锁网络、报刊出版发行、广告策划与媒体销售、网络数字媒体、影视基地与租赁服务七大业务集群，成为国内传媒领域最大的民营集团之一。2001年太合传媒投资有限公司正式成立，是中国传媒娱乐业规模最大的民营集团之一，旗下的太合影视投资有限公司是中国民营影视制造业的一流品牌机构。

第三，民营影视公司开始尝试业内外资本联姻，进行规模化经营。2002年华谊兄弟公司与太合控股有限公司共同融资5 000万元创办了北京华谊兄弟太合影视投资公司，成为国内第一家规模化的民营影视制作公司。自此国内开始了业内外资本联姻的篇章，民营影视公司开启了企业品牌融资的全新阶段。总之，根据1993年的统计数据，1993年全国共生产电影154部，民营资本投资、参与拍摄的有81部；1992年至2003年全国至少新涌现出了1 000家以上打着各种旗帜的影视节目制作公司，全国电视剧投资中的80%来自民营资本，热播的电视剧中的80%是民营影视公司投资制作或参与投资制作的。①

与此同时，国家对民营影视机构进行了经营合法资格的排查工作。2002年5月，国家广播影视总局发布公告重申：凡未取得《广播电视节目制作经营许可证》和《电视剧制作许可证》的社会机构、组织和个人不得从事相应的广播电视节目及电视剧制作经营、发行业务，各广播电视播出机构不得购买和播放未取得相应资格单位提供的各类广播电视节目。一旦发现民营传媒企业扰乱正常的影视行业运作规律，即便拿到了《广播电视节目制作经营许可证》也可能被随时关停。2002年国家广电总局颁布新的《电影管理条例》，规定民营公司也可申请《摄制电影许可

---

① 耿蕊：《中国民营影视发展研究》，湖南大学出版社2007年版。

证》独立拍片。2002年3月20日,徐静蕾自编自导自演的《我和爸爸》领到第一张许可证;同年,五家民营公司办理了58部影片的拍摄许可证;2002年,唐龙文化发展有限公司因未持有许可证而被叫停,致使唐龙一度陷入死亡边缘。资料显示,2000年4月,国家有关部门在全国15个省、自治区一次就吊销了82家广播电视节目制作经营单位的许可证,其中大部分是民营影视企业。[①]

总之,我国的民营影视诞生于市场经济环境之下,作为体制外增量改革的典型代表,民营影视对于我国的文化体制改革起到了良好的推动作用。这一时期,国家政策对民营影视机构从打压、限制到松动、鼓励,每一次的变迁都体现着中国文化体制改革的深入和推进。

(三) 文化娱乐市场以及其他文化市场的蓬勃发展

20世纪90年代,在改革开放以及"百花齐放"等大政方针的引领和指导下,我国的文化市场逐渐繁荣、复苏,保龄球、棋牌室等新的文化娱乐项目不断出现和普及,与歌舞厅、卡拉OK、电子游戏、台球等娱乐项目一起组成了我国的文化娱乐市场的基本内容。在社会主义市场经济的确立和指引下,市场发育逐渐成熟,经济效益得到初步彰显,使得大量的民间资本进入文化娱乐业,市场的竞争开始日益激烈。在这种背景下,国家对文化市场开始逐渐重视起来,积极鼓励和引导文化娱乐市场的发展,同时政府也开始加强对文化娱乐市场的规范和管理。

在政策上,90年代初期,娱乐场所的管制没有一个权威的可供参考的法律依据,但国家文化相关主管部门以及地方政府发布了各类规范文件。各地政府为进一步加强文化娱乐市场的管理,繁荣和发展社会主义文化事业,满足人民群众对文化生活的

---

① 尹鸿、李德刚:《中国电视改革备忘》,载于《南方电视学刊》2004年第2期。

需求，促进社会主义精神文明建设，依据法律、法规的有关规定，结合本省内实际情况，纷纷出台了文化娱乐市场相关政策规定。例如1992年1月31日，海南省发布了《海南省文化市场管理暂行规定》，对海南省内的文化市场的娱乐活动做了系列说明，保障文化市场健康发展，繁荣文化艺术事业，活跃群众文化生活。随后，上海市政府于1992年5月29日发布了《上海市营业性文化娱乐业管理办法》，甘肃省于1992年8月26日发布了《甘肃省文化娱乐市场管理暂行规定》，山东省政府于1992年9月15日发布了《山东省文化娱乐市场管理规定》，黑龙江省于1992年12月24日发布了《黑龙江省文化娱乐经营活动管理规定》，福建省于1993年7月6日出台了《福建省歌厅、舞厅、卡拉OK演唱厅管理办法》，北京市于1993年9月17日发布了《北京市文化娱乐市场管理条例（1993）》等。各省依据实际情况对本省的文化娱乐活动及场所的各方面做了详细规定，为国家层面的文化娱乐管理政策奠定了基础。在此基础上，国家相关文化主管部门为加强营业性歌舞娱乐场所的管理，于1993年10月14日正式出台了《营业性歌舞娱乐场所管理办法（1993）》，对营业性歌舞娱乐场所的申报与审批、场地与设施、经营与管理、奖励与处罚等方面做了细致规定。在该政策的引领下，江苏、浙江、规章、云南、吉林等省也相继出台了有关文化娱乐市场的政策规定。1994年8月25日，国务院（国务院办公厅）发布了《音像制品管理条例（1994）》；1997年3月21日，文化部发布了《关于加强台球、保龄球等娱乐项目管理的通知》；1998年12月25日，文化部颁布了《关于规范"网吧"经营行为加强安全管理的通知》等。这些文件和通知规范、引导了文化娱乐行业的发展，成为文化娱乐行业的主要管制制度。1999年3月26日，国务院（国务院办公厅）颁布了《娱乐场所管理条例》，使文化娱乐市场的管制有了比较权威的法规。该条例具有较强的执行力和行业约束力，在之后的几年内持续发挥着行业权威法规的作

第三章 中国文化体制改革的探索阶段（1992~2002年）

用。在《娱乐场所管理条例》主导思想指导下，各地区结合各行业出现的各类发展问题又相继颁布了网吧、电子游戏厅、歌舞厅等相关场所的管理法规，加强了文化娱乐市场的管理，推动了文化娱乐市场的发展。

经国家统计局批准，文化部于1995年开始了中华人民共和国成立以来的第一次文化娱乐市场普查工作，为把准文化娱乐市场发展情况和市场航向提供实证参考。普查结果显示，20世纪90年代的文化娱乐市场已经初具市场规模、行业发展逐渐成熟、获得了一定的经济效益。娱乐市场的宏观调控也初见成效，违法的电子游戏活动被坚决取缔，高档娱乐消费得到合理控制，大众娱乐回归了大众。① 据统计，截至2002年，全国文化娱乐业（含歌舞娱乐场所、电子游艺厅、台球厅、保龄球馆、网吧、综合娱乐场所等）共有机构14.33万个，从业人员72.50万人，主营业收入1 902 815.8万元，主营业利润为503 704.4万元，净利润为370 779.3万元，增加值为953 195.9万元。全国文化市场共有其他经营机构（包括文化艺术经纪代理业、音像制品批发零售业、录像放映业、录像带出租业、画店画廊、美术公司、艺术品拍卖公司、图书批发业等机构）10.83万个，从业人员有44.19万人，主营业收入为1 288 953.7万元，主营业利润253 061.1万元，净利润为166 561.8万元，增加值为434 062.6万元。② 此外，时任中国音像协会常务副秘书长王炬在接受记者采访时表示，民营资本在音像市场的作用举足轻重，两个数字最能体现：一是有80%的原创音乐是由民营公司开发的，二是音像市场的供给80%以上是由民营公司提供的。③ 市场化的改革促使我国的

---

① 陈庚、傅才武：《试论文化娱乐市场的当代发展与业态变迁》，载于《学习与实践》2007年第2期。
② 文化部计划财务司：《中国文化文物统计年鉴》，北京图书馆出版社2002年版。
③ 任忆、陈芳：《民营企业闯荡文化市场》，载于《瞭望新闻周刊》2003年第1期。

民营音像公司得到充分发展。以广东音像公司为例，广东音像业在全国音像业中具有显著地位，民营资本在其中发挥着不可忽视的作用。在 2002 年中国音像协会评出的十五家明星民营发行企业中，广东企业占据了十四家，可见广东民营企业的实际影响是难以估量的。

　　进入 21 世纪，文化市场进一步走上活泼、健康、有序、繁荣的发展之路。虽然民营文化企业主要以自我积累的内生式发展为主，尚未广泛运用并实施资本运作，但这"体制外"的增量改革不仅减小了改革风险，还充分调动起各个民营主体追求自身利益最大化的积极性，从而进一步提高了改革效率，倒逼体制内的文化体制改革。

第四章

中国文化体制改革的加速阶段
（2003～2012 年）

随着我国政治体制和经济体制改革的不断深入，传统的文化体制不仅不能适应社会主义市场经济的发展要求，还严重阻碍了文化生产力的提高。进入 21 世纪，改革文化体制、解放和发展文化生产力，成为了我国文化行业发展的迫切任务。这一阶段，文化领域确定了文化产业与文化事业分途发展的政策设计，实施了文化体制试点改革和全面改革，并在不断提升文化战略地位的过程中确立了文化创新战略和社会主义文化强国战略。

一、事业与产业的分途发展

改革开放以前，我国文化发展模式仅有事业发展路径一种，即整个文化领域均在计划体制下，按照事业身份的安排进行事业生产和发展。改革开放推动了经营性文化事业单位的产业化发展，逐步实现了事业和产业发展路径的分野。

（一）分途发展的政策设计

进入 21 世纪后，文化在综合国力和国际竞争力中的作用日益凸显，改革文化体制、解放和发展文化生产力，成为 21 世纪我国文化繁荣发展的根本动力。在此背景下，根据前期实践探索，党的十六大作出了推动文化事业与文化产业"分途发展"的战略决策。

1. 分途发展的战略设计及其意义。

党的十六大报告专门就"积极发展文化事业和文化产业"进行了阐述，以此明确文化事业与文化产业分途发展的基本路径。其中，对文化事业的发展定位和战略举措是："国家支持和保障文化公益事业，并鼓励它们增强自身发展活力。坚持和完善支持文化公益事业发展的政策措施，扶持党和国家重要的新闻媒体和社会科学研究机构，扶持体现民族特色和国家水准的重大文化项目和艺术院团，扶持对重要文化遗产和优秀民间艺术的保护工作，扶持老少边穷地区和中西部地区的文化发展。加强文化基础设施建设，发展各类群众文化。"对文化产业，报告指出了发展文化产业"是市场经济条件下繁荣社会主义文化、满足人民群众精神文化需求的重要途径"的战略定位；同时明确提出了"完善文化产业政策，支持文化产业发展，增强我国文化产业的整体实力和竞争力"的战略要求。党和国家的这一战略决策，一方面明确了要继续扶持和保障公益性文化事业发展的基本思路；另一方面确立了文化产业发展的战略地位和政策合法性。文化事业与文化产业分途发展之战略框架由此发端。

事业和产业的"二分法"提出了公益性文化事业和经营性文化产业"两手抓、两加强"的发展理念，既廓清事业与产业的界限，又明确二者须有机统一，为新时期国家文化政策的完善提供了新的理论指导和方向引领。在改革开放前较长的历史时期中，我们对文化的意义、地位和作用的认识是单一的，文化只是和"事业""工作"等概念联系在一起[①]，属于上层建筑和意识

---

① 韩永进：《中国文化体制改革 35 年历史叙事与理论反思》，人民出版社 2014 年版，第 160 页。

形态范畴，国家的文化政策也主要围绕文化的喉舌、阵地和教育等价值功能展开。改革开放后，尤其是十六大以来，随着市场经济体制的确立和文化市场的发展，国家层面的文化理论创新和实践探索的不断推进，文化的产业属性和经济价值逐步得到肯定，形成了一系列以文化事业和文化产业"两轮驱动"为基本取向的新理念和新观点。一是肯定文化的"双重属性"，认为文化既具有意识形态属性，又具有产业属性和经济价值。二是强调文化的"两个效益"，认为文化既具有提供精神产品、传播思想观念、推动文化传承等方面的社会效益，也具有创造经济价值和使用价值的经济效益。三是明确"两手抓、两手强"的发展模式，即要一手抓公益性文化事业，一手抓经营性文化产业，要把二者结合起来，做到两手硬、两促进。这些新的理念强调要正确区分文化事业与文化产业，突破了传统文化发展模式下"唯意识形态化"或"泛意识形态化"的倾向，为解决文化建设所面临的根本方向、目标任务、实现路径和发展趋势等问题提供了理论支撑，同时也为我国21世纪的文化政策明确了新的理念原则、发展目标和基本方向。

2. 分途发展的政策框架体系。

从具体实践来看，我国文化政策体系开始沿着事业与产业二分的逻辑框架运行。文化政策的全过程，即从政策制定到政策执行、政策评估、政策监督，无不遵循和体现着"双重属性""两个效益"和"两手抓、两手硬"等基本价值理念。"二分法"转变了计划模式下以文化事业为主的政策框架体系，从结构和内容两个层面推动了文化政策框架的转型与重构。传统的文化政策是在高度集中的一体化文化管理体制下形成的，主要面向以意识形态宣传教化为主要功能的文化事业领域。在"二分法"模式下，一体化的文化管理模式解体，文化事业体系开始沿着事业和产业两条道路统筹发展，文化政策也因此面临转型和重构的时代要求。鉴于文化事业和文化产业在性质职能、资金来源、运行机制、调控方式等诸多方面存在差异,为实现二者的统筹协调,国家层面采取了不同的政策措施予以分类扶持和保障。

文化事业领域,实行以投入保障型政策为主,以激励、调控、引导等政策为辅的模式,即直接支持方式居于主导地位。该模式旨在规范和保障公益性文化事业,尤其是公共文化服务体系的可持续发展。目前已形成了以《公共文化服务保障法》为中心的,涵盖文化事业发展规划、一般性支持政策以及重大文化工程相关政策等多种政策在内的文化事业政策体系。文化产业领域,实行间接支持为主、直接支持为辅的模式,即主要采用政策引导、税收优惠减免、财政杠杆等措施予以扶持。目前已形成了以综合性文化产业政策为引领的,涵盖文化产业、文化行业和文化企业等不同主体,以及文化科技、文化贸易、文化旅游、跨界融合等多个领域的政策支持体系。通过文化事业和文化产业两个领域多年的政策探索,我国文化政策的体系框架逐渐完善,政策内容不断充实,基本形成了涵盖文化事业和文化产业的体系化的政策体系(见表4-1、表4-2)。

表4-1   2003~2012年我国主要文化事业政策一览表

年份	政策文件名称	主要内容
2003	《公共文化体育设施条例》	设施的建设、维修、管理资金应列入政府基建投资计划和财政预算。鼓励建立公共文体设施社会基金
2005	《关于加强我国非物质文化遗产保护工作的意见》	各级政府要不断加大非遗保护工作的经费投入。鼓励个人、企业和社会团体资助
	《关于进一步支持文化事业发展的若干经济政策》	对宣传文化单位实行增值税优惠政策,对电影发行单位实行营业税优惠政策;增加对宣传文化事业的财政投入;建立专项资金管理制度;鼓励捐赠

第四章 中国文化体制改革的加速阶段（2003~2012年）

续表

年份	政策文件名称	主要内容
2006	《国家级非物质文化遗产保护与管理暂行办法》	表彰奖励有突出贡献的单位和个人。鼓励捐赠
2007	《关于进一步推进全国文化信息资源共享工程的实施意见》	加大力度，加快进度，大力推进文化共享工程建设
2009	《关于继续实行宣传文化增值税和营业税优惠政策的通知》	对符合条件的宣传文化领域实行增值税100%先征后退、先征后退50%等优惠政策

表4-2　2003~2012年我国主要文化产业政策一览表

年份	政策文件名称	主要内容
2003	《关于支持和促进文化产业发展的若干意见》	辨析文化产业、文化事业；强调文化产业的发展意义和价值；提出文化产业发展的基本思路、方针政策和主要措施
2004	《关于鼓励、支持和引导非公有制经济发展文化产业的意见》	放宽文化产业的市场准入条件，鼓励和允许非公有资本进入法律法规未禁止进入的文化产业领域
2005	《关于文化体制改革中经营性文化事业单位转制为企业的若干税收政策问题的通知》	免征企业所得税；继续执行增值税优惠政策；产品出口按照规定享受出口退（免）税政策
2005	《关于非公有资本进入文化产业的若干决定》	划定鼓励和禁止非公有资本进入的行业和领域范围
2006	《关于宣传文化增值税和营业税优惠政策的通知》	音像制品、电子出版物的增值税税率由17%调至13%；明确先征后退、免增值税、免营业税的范围

续表

年份	政策文件名称	主要内容
2006	《国家"十一五"时期文化发展规划纲要》	文化产业的发展纳入国家发展的总体战略;确立发展重点文化产业、优化文化产业布局和结构、转变文化产业增长方式、培育文化市场主体、健全各类文化市场、发展现代文化产品流通组织和流通方式的发展思路
2008	《关于印发文化体制改革中经营性文化事业单位转制为企业和支持文化企业发展两个规定的通知》	落实现行财税优惠政策,对相关增值税、营业税、城建税等给予适当优惠;免征企业所得税、房产税
2009	《关于支持文化企业发展若干税收政策问题的通知》	明确免征增值税、营业税、出口退税的条件和范围
2009	《文化产业振兴规划》	强调加快文化产业振兴的重要性、紧迫性;明确振兴文化产业的指导思想、基本原则和规划目标、重点任务、政策措施和保障条件
2010	《关于扶持动漫产业发展有关税收政策问题的通知》	明确动漫产业发展的增值税、企业所得税、营业税、进口关税和进口环节增值税等税收优惠政策
2010	《关于金融支持文化产业振兴和发展繁荣的指导意见》	对符合条件的文化企业给予贷款贴息和保费补贴。由财政注资引导设立文化产业投资基金,鼓励金融资本依法参与
2012	《关于重新修订印发〈文化产业发展专项资金管理暂行办法〉的通知》	重新修订文化产业发展专项资金的支持方式、方向、资金使用和监督管理的相关办法

第四章　中国文化体制改革的加速阶段（2003~2012年）

依据"二分法"进行的政策设计突破了以行政干预为主的传统文化运行管理模式，强化了文化政策在规范、扶持、激励、协调和公正等方面的价值功能。在计划经济体制下，我国文化事业体系由政府投资兴办，依靠财政拨款维持运转，其决策主要根据政府政策法规、文化规划和上级意图与指令，其管理以行政干预和管辖为主，其资源配置也主要依靠行政化手段进行①。在这种直接调控模式下，政策体系主要体现为财政投入的保障，政策的多元价值功能被整体弱化。新时期文化产业概念的提出为突破行政化的运行管理模式和单一的财政政策模式提供了契机。与文化事业相对，文化产业主要依靠市场来配置资源，政府不直接干预其生产服务，而是通过法律、税收政策、价格杠杆等手段进行间接调控。因此，文化产业的发展需要系统、科学的文化财政政策予以规范和保障，尤其是在产业发展初期，文化产业扶持、文化市场规范等均离不开文化政策的引导，这就为拓展文化政策的价值功能创造了现实空间。总之，在文化事业和文化产业二分的体制框架下，文化政策在文化建设的规范、扶持、激励、协调和公正等方面的价值作用得到逐渐强化和突显。

（二）文化产业的快速发展

这一阶段，文化产业开始从"合法性建构"转入"合理化发展"阶段，文化产业得以快速发展。在制度层面上，文化部、新闻出版总署、国家广电总局等部门持续不断地提供多层次、多维度的制度供给，地方政府也在国家文化发展方向的指引下纷纷出台地方性文化产业政策规章。在中央和地方的制度供给下，文化产业获得了快速发展的强劲动力。在学理层面上，我国文化产业的概念、内涵和范畴在不断争议之中形成了国家统计局发布的

---

① 周正刚：《文化事业与文化产业关系辨正》，载于《东岳论丛》2010年第11期。

《文化及相关产业分类》的官方标准，从而为文化产业规定和建构了一个庞大的产业体系和伸展的产业链条，并为文化产业提供了基本的统计范畴和规范；文化产业发展的现状特征、国际经验和基本路径问题也得到了广泛讨论，为推动我国文化产业发展提供了坚实的理论基础和智力支持。

制度和学理层面的支撑为近年来我国文化产业的发展实践创造了良好的环境和条件，文化生产力得到进一步解放，文化产业发展健康有序，势头良好。文化市场经历了20世纪90年代的调整和规范发展后，走向了健康有序的发展道路。市场运行机制和体系基本形成，娱乐市场、书报刊市场、音像市场、演出市场、文物艺术品市场、电影放映市场、艺术培训市场等专业市场已初具规模，为文化产品、文化服务提供了较为顺畅的流通渠道和交易平台。文化产业的行业体系和结构基本建立，网络游戏业、广告业、音像业、图书业、娱乐业、电影电视业、信息内容业、动漫产业等行业在市场规模不断扩大的过程中，已经具备了较高的产业化程度，成为文化产业的核心组成部分。新闻出版业、广电业、演出业等传统文化行业在体制改革的动力作用下不断推进转企改制的进程，市场化程度越来越高，行业的集团化发展和规模化经营已达到较高的程度，获得了较高的效益回报。

这一阶段我国文化产业增加值逐年递增，具体表现为增速快、成长性高，是文化体制改革的重要经济成果之一。2004年我国文化产业实现增加值为3 440亿元，占GDP的2.15%；2005年实现增加值4 253亿元，占GDP比重为2.3%；2006年实现增加值5 123亿元；2007年实现增加值6 455亿元；2008年实现增加值7 630亿元，占同期GDP的2.43%；2009年我国文化产业增加值为8 786亿元；2010年为11 052亿元；2011年为13 479亿元；2012年增至18 071亿元；2013年文化产业增加值达到了21 351亿元；2014年为23 940亿元；2015年为25 829亿元；2016年达到了30 254亿元，占当年GDP比重的4.07%。从2004

年到 2016 年，我国文化产业增加值增加了近 9 倍，产业逐渐成长起来。①

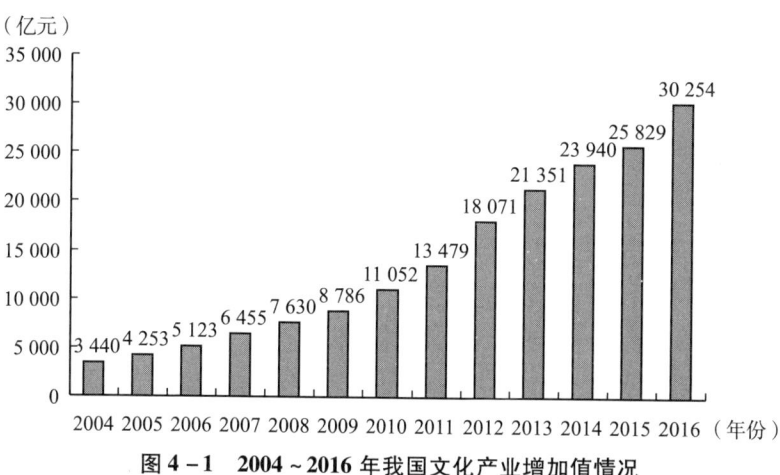

图 4-1　2004~2016 年我国文化产业增加值情况

（三）文化事业转型发展

在确立文化事业和文化产业分途发展后，原有文化领域的经营性文化事业单位逐步转制为企业，保留在文化事业体系内的机构以公共文化服务、文化遗产以及文化交流的形式继续改革发展。

为推动传统文化事业中的公益性文化服务内容领域向公共文化服务体系构建转型升级，党中央和政府先后在《国家"十一五"时期文化发展规划纲要》《关于进一步加强农村文化建设的意见》《关于加强公共文化服务体系建设的若干意见》等一系列政策和文件中进行规定和明确，我国公共文化服务体系的话语观念由此基本形成。得益于多年来的文化体制改革红利，我国公共文化服务体系建设快速推进，公共设施不断完善、服务水平不断

---

① 数据根据历年国家统计局公布数据总结。

提高，覆盖城乡、结构合理、网络健全、运营有效、惠及全民的公共文化服务体系框架基本建成。截至 2011 年底，全国已建成县级以上独立建制公共图书馆 2 952 个，文化馆 3 285 个，乡镇文化站 40 390 个，村文化室 283 752 个，社区文化活动中心 99 521 个，覆盖城乡的公共文化设施网络基本形成。截至 2011 年底，全国 2 952 个公共图书馆、3 285 个文化馆、34 139 个乡镇综合文化站实现了无障碍、零门槛进入，所提供的基本服务项目全部免费。① 在公共文化设施方面，2007~2011 年间，全国共竣工公共文化设施 27 366 个，其中公共图书馆 584 个，文化馆 622 个，艺术表演场馆 96 个，乡镇综合文化站 26 064 个，项目总投资达到 310 亿元，竣工面积达到 1 720 万平方米。设施投入的不断增加，极大改善了全国各地的文化设施水平，提高了文化服务的能力。全国每万人拥有公共图书馆设施面积由 2007 年的 56.1 平方米提高到 2011 年的 73.8 平方米，每万人拥有文化馆（站）面积由 2007 年的 126.2 平方米提高到 2011 年的 221.2 平方米，全国公共图书馆阅览室坐席数由 2005 年的 48 万个提高到 2011 年的 68.1 万个。② 在基层文化设施建设方面，文化部会同国家发展改革委联合制定实施了《全国"十一五"乡镇综合文化站建设规划》，中央共安排预算内投资 39.48 亿元，建设了 2.67 万个乡镇综合文化站，在全国范围内基本实现了"乡乡有文化站"的建设目标，显著改善了基层文化设施的整体面貌。③

进入 21 世纪后，文化遗产领域逐步得到党和国家的高度重视，文化遗产保护工作得到有序推进。针对文化遗产事业保护体系，我国于 2005 年出台了《国务院关于加强文化遗产保护的通

---

① 《十七大以来公共文化服务体系建设成就》，政府网，2012 年 6 月 14 日，http://www.gov.cn/gzdt/2012-06/14/content_2161060.htm。
② 《文化建设投入稳定增长 公共文化设施建设成效显著》，载于《中国文化报》2012 年 6 月 26 日。
③ 《文化部：十七大以来文化事业费投入年均增长 20%》，中国经济网，2012 年 6 月 25 日，http://www.ce.cn/culture/gd/201206/25/t20120625_23434128.shtml。

第四章 中国文化体制改革的加速阶段（2003~2012年）

知》和《国务院办公厅关于加强我国非物质文化遗产保护工作的意见》，该通知及意见是我国文物事业向文化遗产事业转变的开始，是我国文化遗产事业迈入新时期的标志。在2006年《国家"十一五"时期文化发展规划纲要》中提出加强重要文化遗产保护、抢救濒危文化遗产，要求加强世界文化遗产、大遗址、历史文化名城（街区、村镇）和文物保护单位的保护管理，注重各个文物保护单位和博物馆的安全消防。在2006年《文化建设"十一五"规划》中要求至2010年，全国博物馆总数达到2600座，形成以国家博物馆为龙头，省级博物馆和重点行业博物馆为骨干，国有博物馆为主体，民办博物馆为补充，与中华文明和综合国力相适应的博物馆体系。2007年，《文物保护法》进行了第二次修订，进一步提升了对于文物安全保护的要求。2008年，在前期经验的基础上加大了对博物馆的财政投入，进一步完善了财政投入方式，在加大博物馆经费保障力度的情况下，全国博物馆、纪念馆、爱国主义教育示范基地向社会公众免费开放。2011年出台的《中共中央关于深化文化体制改革推动社会主义文化大发展大繁荣若干重大问题的决定》同样提出需要加强国家重大文化和自然遗产地、重点文物保护单位、历史文化名城名镇名村保护建设，抓好非物质文化遗产保护传承。同年，《中华人民共和国非物质文化遗产法》正式颁布，我国的非物质文化遗产保护正式进入了有法可依的时期。在这一阶段，根据相应政策要求，中央及各地方政府展开了文化遗产领域的各项工作。2007年启动第三次全国文物普查，2011年底全面完成，共登记调查各类不可移动文物近77万处。[①] 同时，重大工程建设中的文物保护工作以及重点文物维修工程也有较大进展，在关乎国计民生的重点工程中兼顾文物的考古与保护。如三峡水库、青藏铁路、南

---

① 刘世锦：《中国文化遗产事业发展报告（2012）》，社会科学文献出版社2012年版。

水北调、西气东输等大型工程的考古和文物保护工作均按要求展开。2005年财政部针对大遗址保护而设立的20亿元专项经费"大遗址保护专项经费"均在"十一五"期间到位，各个地区的保护、维修工程取得了巨大进展。针对历史文化名城（街区、村镇）的保护同样保持着较好的进程，截至2011年底，公布的国家历史文化名城共117座，历史文化名镇名村共350个。自2008年博物馆免费开放实施起，至2011年，全国免费开放的博物馆总数达1 804个。①

随着全球化的发展，我国文化事业中的对外文化交流越来越频繁。2005年《中共中央国务院关于深化文化体制改革的若干意见》中提出要"形成以民族文化为主体、吸收外来有益文化，推动中华文化走向世界的文化开放格局，进一步提升文化事业和文化产业的国际影响力和竞争力"。2006年《"十一五"时期文化发展规划纲要》中强调了对外文化交流的重要性，提出要通过积极开展对外文化交流、发挥多类载体的传播作用、构建国际营销网络等方面拓展对外文化交流的渠道，同时提出要培养外向型骨干文化企业，实施"走出去"重大工程项目。2012年《国家"十二五"时期文化改革发展规划纲要》在"走出去"基础上提出要加强对外文化交流合作，推动文化产品和服务出口，扩大文化企业对外投资和跨国经营。在政策的鼓励支持下，第一所孔子学院于2004年在韩国首尔建成。截至2012年，全球108个国家（地区）共建成了400所孔子学院、535个孔子学堂，以学习语言作为文化传播渠道，构建起传播中国文化的桥梁，促进了中外交流与理解。同样，一批统筹宣传文化系统与地方文化资源，综合展示中国博大精深文化的海外文化中心也展开了建设。截至2012年，海外文化中心总数为11个，当年举办文化活动800次，

---

① 刘世锦：《中国文化遗产事业发展报告（2012）》，社会科学文献出版社2012年版。

直接参与活动的海外民众数量达到 20 万人次。与此同时，利用春节等传统节日进行的节日活动逐步进入正轨，2009 年海外春节系列文化活动统一命名为"欢乐春节"，2012 年在 82 个国家和地区开展了 323 次相关文化活动。① 在文化贸易方面，2002 年我国文化产品贸易进出口额为 349.86 亿元，2011 年达到了 1352 亿元的进出口总额值，增长近 4 倍。②

总体而言，在这一阶段，我国的文化事业转型发展取得了一定成就，但从传统的文化事业体系向现代公共文化服务体系的转进，从构建系统化的文化遗产体系以及从依靠文化交流提升国家文化软实力的角度而言，改革仍然在路上。

二、文化体制改革全面实施

这一时期，文化体制改革理论趋于系统化、明晰化，改革实践开始进入实质性启动和整体推进阶段。2003 年 6 月全国文化体制改革试点工作会议召开，对全国文化体制改革试点工作做出全面部署，为制定文化体制改革总体方案，推动文化体制改革做准备。2006 年 1 月，中共中央国务院颁布《关于深化文化体制改革的若干意见》，开始从国家层面全面推动文化体制改革。

（一）文化体制试点改革

我国文化体制改革试点自 2002 年启动到 2005 年终止。从 2002 年开始，我国文化体制改革试点工作开始酝酿展开。2002

---

① 《我国对外文化传播取得丰硕成果》，人民网，2018 年 10 月 29 日，http://cpc.people.com.cn/n1/2018/1029/c419242-30368477.html。
② 李怀亮、虞海侠：《我国文化产品和文化服务出口结构及竞争力分析》，载于《国际贸易》2013 年第 9 期。

年，中宣部、文化部、广电总局、新闻出版总署联合人事部、财政部、劳动与社会保障部等先后在文化行业系统开展以"三项制度"为核心的改革试点，并组织多个课题组进行专题研究，出台了一系列的政策性文件，合编为《文化体制改革政策汇编》[①]。2003年，中央在文化行业改革试点经验的基础上，成立全国文化体制领导小组，在全国选取了9个地方政府、20个新闻出版单位、6个公益性文化事业单位和9个文化企业单位进行单项或综合性的文化体制试点改革。文化体制试点改革全面铺开。

为配合试点改革的实施，文化部、新闻出版总署、广电总局等有关部门相继发布了一系列文件，对非公有制资本开放了演出、报刊和出版发行、影视节目制作与发行、影院建设与经营、非新闻类广播电视节目制作等投资领域。2005年3月，财政部、海关总署、国家税务总局发布《关于文化体制改革试点中支持文化产业发展若干税收问题的通知》，同年4月，国务院颁发《关于非公有资本进入文化产业的若干决定》，明确了鼓励、允许、限制和禁止非公有制资本进入文化产业若干领域的范围。为了更有效地利用外资发展我国文化产业，2005年8月，文化部等五部委发布了《关于文化领域引进外资的若干意见》，对外资进入我国文化市场的范围和持股比例进行了规定。一系列政策措施调动了体制外资本进入文化行业的积极性，文化体制改革逐渐深入。

试点改革中，新闻出版单位所承担的任务尤为重要。2003年11月，新闻出版总署出台《新闻出版体制改革试点工作实施方案》，在该方案的指导下，新闻出版体制改革试点工作稳步推进。在二十个新闻出版单位的试点改革初期，中国出版集团、上海世纪出版集团、广东出版集团、辽宁出版集团、吉林出版集团

---

① 霍步刚、傅才武：《我国文化体制改革的理论分期与深化文化体制改革的策略问题》，载于《中国软科学》2007年第8期，第23~34页。

第四章 中国文化体制改革的加速阶段（2003~2012年）

等实行了事业体制企业化管理。根据各个出版单位性质的不同，除去人民出版社、民族出版社等个别出版单位作为事业单位保留，其余多数出版单位均转制成为企业单位。① 以吉林出版集团为例，2003年吉林省将21家企事业单位分离，重新组建了吉林出版集团，并依据相关法律注册获得了独立的法人地位，成为了事业性质企业管理的出版集团。2004年吉林出版集团经过省委、省政府批准依法进行企业注册登记，开始独立企业化运营的探索历程。此后，吉林出版集团在核查清算资产的情况下建立了母子公司，并对相关产权关系进行了进一步的明晰，赋予子公司独立的经营权和市场地位，从而做到了从行政隶属关系向产权契约关系的转型。吉林出版集团先后进行了领导体制、管理机制、人才激励机制等方面的改革，销售收入增长36%，市场的占有率由原来的全国地科联的19位跻身于第3位，而且在全国500多家出版社的市场排名，也由原来的229位进入了前100位。②

在试点改革过程中，虽然大部分院团没有纳入试点，但部分院团已经开始探索转企改制，逐步走向市场。如北京儿童艺术剧院尝试了转企改制改革，成为全国第一个从事业单位改制成为股份制公司的院团。新成立的北京儿童艺术剧院股份有限公司（以下简称北京儿艺）由北京青年报社控股，北京市文化局下属的四家企业共同参股。股份制改革后，北京儿艺确立了股份制公司的产权结构、公司制法人治理结构、市场化用人机制和现代企业生产经营制度，实现了市场化的过渡与转变，从而确立了北京儿艺的真正市场法人主体地位。在试点改革阶段，股份制改革成为改革的主要试点举措。北京歌剧舞剧院改制为北京歌舞剧院有限责任公司、深圳歌舞团转制为深圳歌舞团演艺有限公司，宁波市歌

---

① 王建辉：《文化体制改革试点的意义》，载于《出版科学》2004年第5期。
② 戴云波：《重组资产 创新机制 提高效率——吉林出版集团文化体制改革试点工作介绍》，载于《中国出版》2006年第6期，第18~19页。

舞团成立宁波市歌舞团有限责任公司,杭州市杂技总团和武汉市说唱团也于2004年先后转制为股份制剧团。[①] 此外,试点阶段院团改革发展特别重视民营文艺表演团体的发展和京剧院团的改革。2005年,为更好地支持民营文艺表演团体的发展,文化部、财政部、人事部、国家税务总局颁布《关于发展民营文艺表演团体的意见》,放宽了民营文艺表演团体的市场准入条件,简化了民营文艺表演团体的演出审批手续。同时,按照党的十六大提出的关于"扶持体现民族特色和国家水准的重大文化项目和艺术院团"的精神,文化部于2005年颁发了《全国重点京剧院团评估办法》和《全国重点京剧院团评估指标体系》,以促进京剧院团的改革与发展。

总体而言,2003~2005年的文化体制试点改革在文化管理体制和运行机制创新方面都取得了重要进展,为文化体制改革的全面实施贡献了宝贵的经验。在转变政府职能方面,试点地区通过分离企事业单位等方式逐步厘清政府与文化企事业单位的关系,逐渐完成从行政隶属关系到资产契约关系的转变。各个试点单位通过建立党委领导、政府管理、行业自律、企事业单位依法运营的文化管理体制和运行机制,提高了单位效率、增强了企事业活力,为文化发展注入了新的活力。在公益性文化事业单位的改革方面,试点单位从竞争机制、人才培养机制、激励机制、约束机制等方面进行探索,深化内部管理机制的改革,初步实现了优化资源配置、提高服务质量的目标。在经营性文化单位的改革中,各个试点单位坚持推进转企改制工作,逐渐走向以市场为导向的经营方式,更加重视增强自身的市场竞争力,通过管理方式、管理理念的重塑来完善独立的市场主体地位。在政策制度建设方面,各地出台了相关改革配套政策措施,从财政税收、投资

---

① 樊小林、庞佳:《南京市专业艺术表演团体体制改革研究报告》,文化发展论坛,2009年4月15日,http://www.ccmedu.com/index.aspx。

融资、资产处置、工商管理、收入分配、社会保障、人员分流安置、法人登记等方面支持试点改革工作。

(二) 文化体制改革的全面展开

2005年全国文化体制改革试点结束,标志着我国文化体制改革目标和道路的探索过程基本完成,我国文化体制改革进入一个由增量变革到存量改革的质变阶段。2006年1月,中共中央国务院颁布《关于深化文化体制改革的若干意见》,成为改革开放以来我国文化体制改革的第一个"总体方案",改革进入全面深化阶段。2006年9月,《国家"十一五"时期文化发展规划纲要》发布,要求推进经营性文化事业单位转制。此后,文化行业开始实施以"转企改制"为核心的全面改革。

1. 文艺院团改革。

国有文艺院团作为繁荣社会主义文艺的中坚力量和文化战线的生力军,一直以来都是文化体制改革的重点对象。与时代并进的国有文艺院团,通过改革不断地适应着社会环境的变化,尤其是2003年以来,文艺院团改革在国家全面推动文化体制改革的过程中发生了重要的改革变迁。在2003年启动的文化体制试点改革经验的基础上,2005年11月,文化部出台《关于鼓励发展民营文艺表演团体的意见》,明确了民营文艺表演团体的地位和性质,从市场准入、审批手续、对外交流等方面进行了要求。2006年7月,文化部出台《关于进一步做好文化系统体制改革工作的意见》,提出对艺术表演团体的体制改革工作实行"一团一策",根据不同艺术表演团体的发展状况、市场环境和主管艺术品种的性质,确定具体的改革政策,对艺术表演团体的改革既要大胆探索、勇于创新,又要稳妥推进。这些前期工作为我国国有文艺院团的全面改革奠定了坚实的基础。

在2006年《关于深化文化体制改革的若干意见》设计的改革总体方案、《国家"十一五"时期文化发展规划纲要》以及党的十七大关于文化体制改革的总体要求下，国有文艺院团的改革已经基本明确了改革方向、任务目标和指导思想。因此，2009年，推进国有文艺院团全面深化改革的新的制度文件应运而生。《关于深化国有文艺演出院团体制改革的若干意见》在分析当时院团改革的紧迫性和重要性的基础上，提出了国有文艺院团改革的任务书、时间表和路线图。

改革的主要目标路径和时间安排为：一是加快转企改制，培育新型市场主体。要求除新疆、西藏外，各省、自治区、直辖市和计划单列市、省会城市2009年底前都要至少完成一家直属院团整体转企改制；2010年后，国有院团转企改制工作将向面上推开。二是积极推进县级院团体制改革。各省、自治区、直辖市要在2010年前选择一至两个试点县，推动县级院团转企改制，探索政府采购公益性演艺服务的方式，开发农村演艺市场。三是深化保留事业体制院团的内部机制和管理制度改革。对事业体制内院团，要求深化人事、社会保障和内部收入分配制度改革，完善激励和约束机制；改进财政投入方式，建立健全绩效考评体系。在此政策的推动下，我国国有文艺院团改革全面展开。

改革全面推进之后，国有文艺院团改革取得重要进展。2009年全年共有69家国有院团转企改制，2010年新增340家，2011年第一季度新增53家，这两年间转制院团的数量为过去6年总和的近9倍。到2011年第一季度，全国已有514家国有文艺院团已经完成或正在转企改制。与此同时，一批龙头演艺企业迅速成长，136家国有文艺院团通过资源整合，兼并重组为46家演艺集团公司。其中，省级集团公司11家，省会和地市集团公司35家。[①]

在前一阶段改革成效的基础上，为推进改革实施进度，2011

[①] 李舫：《国有文艺院团体制改革取得突破性进展》，载于《人民日报》2011年4月8日。

第四章 中国文化体制改革的加速阶段（2003～2012年）

年5月，中共中央宣传部、文化部发布《关于加快国有文艺院团体制改革的通知》，进一步明确了改革任务，要求在2012年上半年之前完成改革任务，使我国国有文艺院团改革进入了"加速跑"阶段。

在文化部的主导下，国有文艺院团改革确立了"转企一批""合并一批""划转一批""撤销一批""保留一批"的改革路径，并通过中央文化产业发展专项资金、配置流动舞台车、落实非物质文化遗产保护资金、支持"走出去"等举措，对转制的院团进行政策资金倾斜。为推进改革的顺利完成，文化部组织调研小组赴全国调研、举办全国国有文艺院团体制改革培训班、编写《国有文艺院团百问百答》《国有文艺院团体制改革典型案例选》等材料，同时加强对国有文艺院团改革的新闻宣传。

全国各省市国有文艺院团改革加速推进，纷纷制定改革方案，出台改革措施，推进改革进度。以广西壮族自治区为例，广西壮族自治区116个国有文艺院团，除了9个院团继续保留事业单位性质外，其他文艺院团均实施启动转企改制与整合调整。为此，广西结合本省实际情况，制订了具体实施方案。一是组建具有独立法人资格的广西演艺集团有限责任公司，对广西演出有限责任公司、广西歌舞剧院、广西杂技团、广西木偶剧团4个单位进行资产重组和结构调整。演艺集团定位为集文艺展演、剧场经营、广告会展、舞台灯光影响、文化艺术教育培训、文化产品制作营销、文化旅游等为一体的文化企业集团。二是将广西壮剧团、广西桂剧团、广西彩调剧团组建为广西戏剧院，承担非物质文化遗产传承保护职责，开展公益性展演。三是撤销广西话剧团。① 其他各省与广西的做法基本类似。通过这样一系列的措

---

① 《广西全面启动国有文艺院团转企改制与整合调整》，中国经济网，2011年12月9日。

施,国有文艺院团改革的任务基本完成。

截至 2012 年 8 月,全国承担改革任务的 2 102 家国有文艺院团,完成改革任务的院团比例已达 95%。[1] 部分改制的国有文艺院团已经彰显出明显的市场效益,文化生产力得到有效提高。

2. 新闻出版改革。

新闻出版行业的改革同样是我国文化体制改革的重点领域。2003 年 12 月,《文化体制改革试点中支持文化产业发展的规定(试行)》和《文化体制改革试点中经营性文化事业单位转制为企业的规定(试行)》中对新闻出版行业给予一定的税收优惠,对于党报、党刊、电台、电视台等重要新闻媒体,经营部分要剥离转制为企业,在确保国家绝对控股的前提下,允许新闻出版企业吸收社会资本。2005 年《中共中央国务院关于深化文化体制改革的若干意见》又提出新闻媒体中的广告、印刷、发行、传输网络部分可从事业体制中剥离出来,转制为企业。2009 年,新闻出版总署颁布《关于进一步推进新闻出版体制改革的指导意见》,明确了新闻出版体制改革的指导思想、原则要求和目标任务,提出了改革的八大任务,全面启动了新闻出版体制改革。2010 年新闻出版总署发布的《关于进一步推动新闻出版产业发展的指导意见》提出要深化新闻出版体制改革,打造合格的市场主体和骨干企业,推动有成熟条件的新闻出版企业上市融资。

在一系列的政策推动下,新闻出版行业的体制改革稳步推进。这一阶段的改革举措主要包括:

一是出版社转企改制。2003 年国家开始对报业结构进行调整,在全国范围内试点推行党报党刊转企改制。2004 年"大众""新华""河南""深圳" 4 家党报集团作为试点单位实行了"剥

---

[1] 《全国国有文艺院团体制改革任务基本完成》,2012 年 8 月 15 日,http://www.gov.cn/gzdt/2012-06/29/content_2173209.htm。

离转制"后,其他地区的党报集团也相继改制为"集团有限公司"。①此外,2009年地方出版社、高校出版社也完成转企改制。

二是实行报业法人结构治理。2003年后,在确保国有资产保值增值的前提下,一批党报集团成立后纷纷引进法人治理结构,同时建立符合资产管理和业务发展的配套制度。如沈阳日报报业集团有限公司,就对集团与公司进行了重新分工,集团的原有体制保持不变,直接负责《沈阳日报》、《沈阳晚报》的编辑出版工作;下属公司则拥有国有资产经营管理权,管理从集团剥离的11个控股企业,并承担相应的经营业务。

三是推行"二级法人"治理体系,建立以资产为纽带的多层次的授权经营治理结构。

四是引入民营资本。2004年,跨地区联合办报试点允许民营资本进入出版物总发行和批发领域。另外,转制为企业的出版社可以进行融资,引入国内的民营资本,较大较强的出版发行集团或印刷集团可以通过收购兼并重组吸纳民营资本。

新闻出版体制改革按照"解放思想、总体设计,实事求是、分类指导,由易到难、加快推进"的原则扎实、稳步、有序推进,改革取得重大进展。全国10万多家印刷复制单位、1万多家国有新华书店率先转制为企业。随后,经营性出版单位转企改制积极稳妥推进。截止到2011年底,除少数保留事业体制的公益性出版单位外,全国经营性图书、音像出版单位基本完成转制。其中,中央各部门各单位148家应转制出版社中,除1家停办退出外,其他全面完成了转制任务,共计核销事业编制1.8万多名,为文化单位规范转制树立了典范。②截止到2012年底,各地方1 177家首批非时政类报刊出版单位中,1 147家已完成和

---

① 朱颖、童兵:《党报体制改革创新的着力点》,载于《中国出版》2007年第10期。
② 《新闻出版改革:文化体制改革试验田》,北方新闻网,2011年11月14日,http://news.enorth.com.cn/system/2011/11/14/008126199.shtml。

基本完成转企改制，占总数的97.5%，其余30家正在按已批复方案积极实施；中央和地方的应转企改制的重点新闻网站中，80%以上已完成和基本完成改革任务。① 经过体制改革，组建了120多家新闻出版企业集团，47家企业集团成功上市，一大批出版、印刷、物流和数字出版基地得以建立，具有专业特色的区域新闻出版产业集群初成规模，成为文化产业发展的主力军和领头羊。

3. 广播影视改革。

广播影视领域也在这一时期推进了全面的体制改革。2004年2月，国家广播影视总局发布了《关于促进广播影视产业发展的意见》，明确指出应当区别公益性事业与经营性产业，对于产业经营较好、具有企业化运作条件的频道频率，经过批准同意可以组建公司进行企业化的经营探索。同时，该意见吸引、鼓励国内外各类资本广泛参与广播影视产业发展，电台、电视台和广电集团（总台）内重组或转制为企业的单位，可吸收国内社会资本探索股份制改造，条件成熟的经批准可以上市融资。在确定了改革方向后，各类相关政策陆续出台。2004年11月，广电总局公布了《中外合资、合作广播电视节目制作经营企业管理暂行规定》，规定外资媒体公司可以以少于49%的比例入股国内的广电节目制作企业。2006年1月，广电总局发布《2006年广播影视工作要点》，要求"除新闻类、社会访谈类节目外，文艺、体育、科技类节目等可逐步实行制播分离，引入市场机制，实行节目的市场招标采购。"2010年国务院办公厅发布《关于促进电影产业繁荣发展的指导意见》，配套落实了诸多相关政策，鼓励电影行业的发展，同时提高了行业的社会关注。在国家政策的引导下，这一阶段的改革举措包括：

一是对电影制片厂、电视剧制作中心、电影公司、电影院等

---

① 《文化体制改革走向纵深》，载于《人民日报》2012年11月5日。

第四章 中国文化体制改革的加速阶段（2003～2012年）

单位实行转企改制。2001年12月6日，中国广播影视集团宣告成立。该集团整合了中国中央电视台、中国人民广播电台、中国国际广播电台、中国电影集团公司、中国广播电视传输网络有限责任公司以及中国广播电视互联网站等中央级广播电视、电影及广电网络公司的资源和力量，是当时国内最大的媒体集团。2004年，随着传媒集团化进程进入冰冻期，中国广播影视集团宣告解散。2003～2013年，35家电影制片厂、70家电视剧制作机构、204家省市电影公司、293家电影院等经营性文化单位陆续完成转企改制任务。①

二是广电集团企业与事业剥离，实行局台分离。如2005年3月，北京市发布的《关于调整广播电视管理体制有关事项的通知》指出，按照政企分开原则，保留北京市广播电视局，北京广播影视集团转制为企业集团，且成立起两套互相独立的组织管理机构。划转后，实质上宣告了该传媒集团的解体。② 2009年，湖南电广传媒集团被注销，分离成为湖南广播电视台及芒果传媒有限公司。在各地纷纷实行政企分开后，全国的局台分离基本完成。

三是民营资本进入电影电视产业。随着广电行业事业与产业的分离，节目制作与播出的分离，非国有资本被允许进入广电影视业。民营资本陆续进入广电影视业，且发展极为迅速。全国从事电视剧、电影、动漫、游戏制作的民营投资主体逐步增多，尤其是电影市场，民营主体的市场份额占有率超过一半，电影市场中票房过亿元的国产片几乎全部出自民营影视公司。另外，湖南天舟文化、华谊兄弟等民营出版影视企业也成功在A股上市。③

截至2012年底，全国承担改革任务的850家电影制作发行

---

①③ 张贺：《"区别对待、分类指导、循序渐进、逐步推开"——"十六字诀"引领文化体制改革》，载于《人民日报》2013年3月1日。

② 方汉奇、吴廷俊：《中国新闻传播史1978～2008》，复旦大学出版社2011年版，第367页。

放映单位、57家广电系统所属电视剧制作机构已经全部完成转企改制。① 根据2011年的统计数据,市场上将近80%以上的电影和电视剧、90%以上的动画片均由民营企业完成。2012年,我国电视剧产量达17 703集,连续多年稳居世界首位,电视动画片产量22.29万分钟,跃居世界首位,电影产量745部,成为世界第三大电影生产国。② 在分离经营性广播影视业务并实行转企改革市场化的过程中,政府逐步放宽了对广播影视行业的行政干预和约束。在保证重点新闻媒体充分发挥舆论主阵地、主力军作用的情况下,我国逐渐形成了公有制占主体地位、各类所有制健全发展的局势。

总结这一阶段广播影视业的改制,从体制创新上实现了公益性事业单位与经营性企业单位的区分,在行政管理上实现了"局台分离",在节目制作上实现了"制播分离",在产权结构上实现了投资主体多元化,在资本运营上实现了获取事业经费支持、上市融资、负债经营等形式,实现了广播影视业的体制创新、市场经营、资本运营、品牌建设。

三、文化创新战略的实施与文化强国战略的确立

只有不断推进文化的改革创新,文化发展才能创生不竭动力。随着文化改革发展的深入推进,创新问题成为我国文化改革发展的根本性问题,因此,我国文化创新战略逐步确立。与此同

---

① 《我国国有经营性文化事业单位转企改制成效综述》,中国广播网,2012年9月24日,http://native.cnr.cn/list/201209/t20120924_510985786_1.html。
② 蔡赴朝:《深入推进广播影视改革发展 为实现中华民族伟大复兴中国梦贡献力量》,人民网,2012年12月25日,http://media.people.com.cn/n/2013/1225/c40606-23939039.html。

时，随着政治复兴、经济复兴的完成，我国逐步进入文化复兴的历史新阶段，社会主义文化强国战略也应运而生。

(一) 文化创新战略的演化与推进

文化创新作为一种战略的出现，是对国外创新战略的借鉴，但在中国有其独特的内涵和价值意义。

1. 文化创新战略的演进。

21世纪以来，"文化创新"作为我国文化发展中的核心话语，在当代建设国家文化软实力的语境下不断得到重新审视和解释。"文化创新"体现了新时期国家文化体制改革的方向，代表了新时期我国文化发展的新阶段和新的发展模式。中华人民共和国成立以来，我国文化发展模式经历了文化事业战略—文化产业战略—公共文化服务战略—文化创新战略的演变过程，共同构成了我国国家文化发展的战略演进路径。

20世纪80年代，经济改革牵动了社会文化改革进程，文化发展实践中单一制的文化事业战略开始向多元化的文化产业战略、公共文化服务战略、文化遗产战略等国家战略方面进行不断的结构性转进，并由此引发了对国家文化发展战略问题的学理性探讨。80年代中期，《社会科学》等杂志开始刊发一些关于文化发展战略问题的文章，掀起了探讨文化发展战略问题的热潮，并一直持续至今。对文化发展战略的探讨在层次上主要分为国家层面和地方区域层面两种，在内容体系上形成了战略目标、战略原则、战略方针、战略路径等研究方向。更为重要的是，文化发展战略日渐在内容结构上分为文化产业、公共文化服务、文化遗产、文化交流等多个研究领域，与国家文化发展的实践进程紧密契合。

中华人民共和国成立之初，按照强化国家能力和尽快实现国家现代化的战略构想，中央政府将各种文化资源纳入国家计划体系之中，并逐渐定型为一种文化事业发展战略，成为国家文化事业发展的历史起点。1979年以来，针对传统事业管理方式的弊端，中央政府主导进行了以重新界定政府与企事业单位关系、重建企事业单位市场主体地位的文化体制改革，经营性文化行业的市场化运营模式不断被引入文化行业，在1998年以后逐步形成了国家战略层面上文化事业战略与文化产业战略并行的局面，文化产业战略开始作为国家文化发展的战略路径被纳入国民经济的整体体系之中，推动了我国文化领域由单一事业发展模式向事业与产业相结合的发展模式的转型。

从1980年代开始，由技术创新引发的"国家创新体系"（NSI）理论推动了我国确立建设"创新型"国家的战略架构，"文化创新"议题逐步成为党和政府的重要议程，我国在国家发展战略层面上经历了由"技术创新到文化创新再到创新型国家"的演进过程。2002年党的十六大报告将文化创新与理论创新、科技创新以及其他各个方面的创新作为我国长期坚持的治党治国之道，文化创新战略架构得以初步确立。2006年《国家"十一五"时期文化发展规划纲要》进一步明确了文化创新战略的地位和作用，确立了文化创新战略的具体任务和要求。

21世纪以来，"文化创新"开始作为国家战略被纳入党和政府相关政策议程之中，成为文化发展战略的新的理论和政策导向。《国家"十一五"文化发展规划纲要》、党的十七大报告两个重要文件纲要确立了文化创新战略作为实现文化大发展、大繁荣必由之路的重要地位。在国家高层力量的推动下，文化创新战略被提高到国家发展战略的核心地位，成为提升国家文化软实力、增强民族文化竞争力的国家战略安排。具体而言，在发展层面上，国家文化创新战略的确立代表着我国文化建设进入一个计划体制阶段之后的新型发展阶段；改革层面上，国家文化创新战略的确立体现了继文化事业体制改革、文化产业体制建设之后的新型文化发展模式；管理层面上，国家文化创新战略的架构代表了继文化事业和文化产业"双轨"发展模式之后的综合型文化发展模式。因此,作为国家文化发展战略不断演替的结果,国家文化创新战略的确立不仅在文化发展战略理论领域中开创出了新的方向,而且在实践过程中对建设创新型国家、大力发展文化产业、建设公共文化服务体系、深化文化体制改革、应对激烈的国际文化竞争等均具有重大的价值意义。

2007年10月,党的十七大报告提出了"推动社会主义文化大发展大繁荣"的战略目标,要求"在时代的高起点上推动文化内容形式、体制机制、传播手段创新,解放和发展文化生产力",确立了文化创新作为实现文化大发展大繁荣必由之路的重要地位,"文化创新"作为国家战略首次在国家发展规划中得到明确规定,成为继文化体制改革、文化产业发展和公共文化服务体系建设战略之后又一个重要的国家文化发展战略,并成为国家战略的重要组成部分。

2. 文化创新战略的价值意义。

党的十七大提出的"推进文化创新,增强文化发展活力",既是实现民族文化大发展大繁荣这一目标的基本路径,又蕴含着文化发展的理论创新、科技创新、内容创新、机制体制创新等深刻内涵,体现了新的历史时期建设创新型国家、推动文化发展和引领文化体制改革方向的价值和意义。

第一,文化创新战略是国家创新体系的重要组成部分,是建设创新型国家的关键支撑。党的十六大以后,以胡锦涛为总书记的党中央十分重视国家的自主创新。2005年10月,胡锦涛同志在十六届五中全会上,明确提出了建设创新型国家的重大战略思想。2006年1月,他又在全国科学技术大会上指出,"要坚持走中国特色自主创新道路,中国未来15年科技发展的目标是在2020年建成创新型国家,使科技发展成为经济社会发展的有力支撑"[①]。

[①] 胡锦涛:《坚持走中国特色自主创新道路 为建设创新型国家而努力奋斗——在全国科学技术大会上的讲话》,载于《求是》2006年第2期。

2007年11月，胡锦涛同志在党的十七大报告中提出了"提高自主创新能力，建设创新型国家"的战略目标。报告对建设国家创新体系的具体目标任务和举措进行了部署和说明，要求"要坚持走中国特色自主创新道路，把增强自主创新能力贯彻到现代化建设各个方面"，以建设一个全面完善的国家创新体系。国家层面建设创新型国家的宏伟方针的确立，成为推动各行业、各领域和各地域创新实践的基本动力。

文化领域的创新也在此背景下不断获得政策支持和力量支撑，成为建设创新型国家的重要组成部分。2006年5月，李长春同志在广东考察工作时强调，"文化创新是建设创新型国家的重要方面，要紧紧围绕建设创新型国家的战略目标，大力推进文化创新，加强传统文化产业改革，加快新兴文化产业发展，不断增强我国文化的整体实力和竞争力，为建设创新型国家作出贡献"①。在国家高层的高度重视下，文化创新工作不断推进，并逐渐确立了实施"国家文化创新工程"，建立国家文化创新体系，实行文化创新战略的文化发展方略。

第二，文化创新战略是推动国家文化发展的动力机制与基本保障。文化的创新是文化发展进步的不竭动力，是文化生机昂扬的源泉，是民族文化振兴、国家文化强盛、社会文化进步的根本动力。文化创新包括了文化理论创新、文化科技创新、文化内容和形式创新、文化体制机制创新等多个方面的内容，是推动整个文化领域发展的动力机制。

文化理论的创新不仅包括文化创新自身理论的推进，更在广义上包括文化产业理论、公共文化服务理论、文化体制改革理论等多种理论的创新。只有立足于各种理论实现创新的基础上，我们所开展的文化事业战略、文化产业战略、公共文化服务战略才

---

① 李长春：《积极推进文化创新为建设创新型国家作出贡献》，载于《新华日报》2006年5月23日。

能得到足够的理论支撑和有效的智力保障,才能"在继承的基础上不断吸取新的实践经验、新的思想而向前发展"①,才能发挥理论与实践的二元互动作用。

文化科技创新是提高文化生产力的根本途径。科学技术是第一生产力,是"改变和发展文化艺术内容负载和传播手段的一种主要形式"②。在产业层面上,文化的发展愈来愈依赖于科学技术。以高科技为基础的新兴文化行业不断崛起,成为文化产业的重要力量;传统文化行业也由于技术进步实现了革新与快速发展。在事业层面上,科技在图书馆、博物馆、数字工程等方面的更新进步直接影响到公共文化服务的普及程度和实践效果。

文化内容和形式创新是影响文化产品和服务质量的关键因素。文化产品和服务只有在内容和形式上进行不断创新,才能增强中国特色社会主义文化的生命力和感召力,才能发挥中华文化的普照功能,从而更好地振奋民族精神和增强国家凝聚力,实现国家文化事业发展战略和公共文化服务战略;只有在内容和形式上进行不断创新,才能有效激发消费者的文化需求,才能开辟和拓展国内外的文化市场,才能提升文化产业的国际竞争力。

文化体制机制的创新是调整和改进文化生产关系的重要策略。体制不顺、机制不活是长期制约我国文化发展的关键因素。从改革开放以来的文化体制机制改革,就是对计划管理体制机制的一种创新,是一种以适应市场经济体制为目标的体制机制创新。深化文化体制改革,是促进文化产业发展、建设公共文化服务服务体系、促进文化社会效益和经济效益协同发展的基本路径。

不难看出,文化创新从多个方面为文化产业发展、文化事业

---

① 江泽民:《论"三个代表"》,中央文献出版社2001年版,第48页。
② 严先机:《文化科技是发展文化事业的重要支柱——学习邓小平科技理论的点滴体会》,载于《艺术科技》1998年第3期。

推进、公共文化服务建设提供了源源不断的动力机制，成为国家多项文化发展战略齐头并进、全面繁荣的基本保障。

第三，文化创新战略是国家多项文化发展战略在实践与理论上的集成与综合。一开始的文化事业战略虽然并未促进我国文化的大发展大繁荣，但它所形成的统一的文化发展观念却形成了强大的文化合力，在推动社会主义精神文明建设方面居功至伟。改革开放所带来的思想文化观念冲击和社会经济的重大变迁，使传统的文化事业发展战略逐步解构，文化产业战略、公共文化服务战略新兴崛起，文化发展呈现出多元战略并行的态势。当代多项文化发展战略的共时性体现了国家文化发展战略演进的历时性进程。多元的发展路径有利于发挥文化行业内各领域的自身优势和特点，但也存在各自发展、分途前进所带来的战略间冲突、碰撞与摩擦，消减着文化发展的整体效果。因此，如何在多元战略的发展态势下，统合、集成各方面的文化发展成就，形成相互促进、互为表里的文化合力，成为当前需要迫切解决的课题。

历经半个多世纪的理论探索与实践发展后，逐渐形成了较为一致的结论，即在国家多种文化战略并行的时期，必须以一种统筹全局的战略整合集成各方面的文化建设成果，创造文化发展整体与局部共同推进的局面。文化创新战略就在这种时代背景下应运而生。在自身理论体系逐渐完备的过程中，我国文化创新战略逐步提升为统领国家文化建设的宏观战略部署，成为涵盖国家文化产业发展、公共文化服务建设、文化遗产保护、文化走出去等战略的总体性战略安排，成为新的历史时期包蕴整个国家文化发展建设中各种战略和策略的总体设计。

第四，国家文化创新战略的确立体现了我国文化体制改革的基本方向。新的历史时期，文化创新战略的确立进一步明确了我国文化体制改革的独特作用和价值指向。长期以来，我国文化体制改革作为一种文化发展的手段，在许多情况下并没有体现改革目标的规定性，事实上也很难包含改革成效评估的规定性。文化

第四章 中国文化体制改革的加速阶段（2003~2012年）

体制改革作为手段，本身不是终极目标或终极价值，只是工具价值。要追问当前文化体制改革的目标或价值应该指向何处？仅仅从文化体制改革的过程中去探求是无法得到答案的，正确答案只能在文化体制改革的方向定位中去寻找。由于我国文化体制改革始于文化单位的财政困难所导致的生存困境，终于文化单位财政困难的解决，理论层面的文化体制改革的价值定位和目标定位一直不是十分明确。由于缺乏系统性价值评价体系和目标约束体系，长期以来，我国文化体制改革实践中以边缘性突破替代核心制度改革、以功能性（机制）改革替代整体性结构（体制）改革、以手段方式的"零散创新"替代文化体系"结构性创新"的价值评价方式在一定程度上影响甚至主导着文化体制改革的实践，导致了我国文化体制改革中的"实践困境"。因此，在文化体制改革实践中引入国家文化创新战略架构，以建立国家文化创新体系的目标替代对文化生产和组织传统体系的功能性调整、局部改革和"零散创新"，推动国家文化体系由生产型体系向创新型体系的整体转型，体现了现阶段我国文化体制改革的基本方向。

第五，文化创新战略是提升国家文化软实力与应对国际文化竞争的基本路径。"文化发展战略将从根本上改变总体上以西方工业化为典范的传统发展模式……文化发展战略将是人类发展战略的一次革命性转变"[①]。因此，文化发展战略日益受到世界各国的高度重视，以文化发展战略牵引国家发展战略的国家战略行动在诸多国家铺展开来。从20世纪90年代开始，日本、韩国先后实施了"文化立国"战略，英国则采取"创意经济"的战略图谋，加上先发的美国，这些国家业已在"经历了制造业竞争、

---

① 毛少莹：《关于文化发展战略的思考》，载于《特区理论与实践》2003年第3期。

品牌竞争、国际标准控制竞争之后的文化竞争时代"[1]确立了国家文化发展的优势地位。处于后发地位的中国在进入整体性世界文化竞争格局时必然面临着激烈竞争，如何提升国家文化软实力并应对国际文化竞争已然成为一项必须面对的现实课题。

国家文化软实力的提升主要建立在社会主义核心价值观的建构、国家文化安全的维护、中华民族凝聚力的提升与文化影响力的拓展等层面和方向上，而发展文化产业、普及公共文化服务、推动文化交流、促进文化传播等构成了基本手段和策略。[2] 因此，国家文化软实力的提升是一个系统性工程，必须从国家战略的高度来进行统筹谋划，只有高屋建瓴、立意宏大，才能在全局整合资源、集中力量并形成文化发展合力。文化创新战略的集成性、综合性、总揽性、驱动性特征关照和惠及了文化产业、公共文化服务、文化遗产、文化走出去等战略的实施过程和实施效果，并对各种文化发展战略在文化合力上进行了方向性规定，成为提升国家文化软实力、应对国际文化竞争的一种基本路径。

（二）文化强国战略的确立及其意义

在新时期文化产业和文化事业分途发展后，我国文化产业得到快速发展，文化事业也逐步完备，建构了建设社会主义文化强国的战略基础。社会主义文化强国战略的提出，对我国文化大发

---

[1] 傅才武：《多元文化环境下强化文化管理战略的价值、内涵与政策思路》，载于《武汉大学学报》（人文科学版）2010年第3期。
[2] 参见门洪华主编：《中国：软实力方略》，浙江人民出版社2007年版；沈壮海主编：《软文化 真实力——为什么要提高国家文化软实力》，人民出版社2008年版；王一川：《理解中国"国家文化软实力"》，载于《艺术评论》2009年第10期；骆郁廷：《我国文化软实力的发展战略》，载于《马克思主义研究》2009年第5期；刘轶：《文化产业与文化软实力的发展机遇》，载于《毛泽东邓小平理论研究》2009年第7期；刘轶：《政治意图、文化软实力与文化产业》，载于《江淮论坛》2009年第5期；李合亮：《提高文化软实力的路径探究》，载于《理论前沿》2009年第23期；赵娜娜：《文化软实力的四个层面内涵及其培育》，载于《理论前沿》2009年第23期；沈其新：《中国特色文化软实力与当代中华民族凝聚力》，载于《理论探讨》2010年第2期，等等。

展大繁荣具有重要的战略意义。

1. 文化强国战略的确立。

改革开放以来的文化改革与发展经历了多个阶段、不同路径指向的螺旋式上升过程,并不断以"试错"的方式来探索和确立具有中国特色的社会主义文化建设道路。在这一过程中,对文化价值的判断经历了"从属论—经济论—立国论"[①]的认识转变,文化发展从依附于社会主义精神文明建设演进和转变为社会主义政治建设、经济建设、社会建设、文化建设、生态文明建设"五位一体"总体布局的重要组成部分,并最终确立为社会主义文化强国战略。

从改革开放初直至20世纪90年代中后期,我国的文化建设发展主要以"文化事业"的语系蕴含于国家精神文明建设体系之中。1986年,党的十二届六中全会通过《中共中央关于社会主义精神文明建设指导方针的决议》,确立了社会主义精神文明建设的战略地位,明确了经济建设、政治建设、精神文明建设"三位一体"的总体布局,认为"教育、科学、文学艺术、新闻出版、广播影视、卫生、体育、文物、图书馆、博物馆等各项文化事业,都有各自的重要作用"。1996年,党的十四届六中全会又审议通过了《中共中央关于加强社会主义精神文明建设若干重要问题的决议》,将精神文明建设作为"社会主义的一项重大战略任务",认为"发展文学艺术、新闻出版、哲学社会科学等文化事业,满足人民群众日益增长的精神文化需求,对于提高民族素质,促进经济发展和社会全面进步,具有重要作用"。在精神文明建设体系中,文化发展缺乏独立的"话语权",战略地位和价值作用有限。

1997年,党的十五大报告摒弃了以往党代会将文化建设置

[①] 卢衍鹏:《文化强国语境下文化立国的逻辑、现实与战略》,载于《湖南社会科学》2012年第3期。

于精神文明建设话语体系中的传统提法，创造性地提出了"有中国特色社会主义的文化建设"的表述方式，并专设一节阐述文化建设的战略部署。此后，党的十六大报告专列"文化建设与文化体制改革"一节来部署文化发展与体制改革，十七大报告以"推动社会主义文化大发展大繁荣"为题部署了文化建设的目标和任务，2011年十七届六中全会首次将文化问题作为中央全会的议题，在"深化文化体制改革、推进社会主义文化大发展大繁荣"的命题下，提出了"努力建设社会主义文化强国"的战略构想，十八大报告则以"扎实推进社会主义文化强国建设"为题专门部署文化强国建设的目标任务和路径。至此，文化建设已上升为我国的国家战略，实现了对精神文明话语的"超越"，成为具备独立话语权的国家战略之一。这种飞跃，源于实践层面上我国文化产业的崛起与快速发展、源于社会主义市场经济体制对文化发展转型的必然要求、源于党和政府对社会主义文化建设认识的不断深化和理论探索的持续创新。

"社会主义文化强国"战略目标的提出及其战略部署的出台，将我国文化建设的重要性与紧迫性推向了新的历史高度，使当前国家文化改革与发展处在了历史的新起点上，中国特色社会主义文化建设也将会迈向新的发展阶段。

2. 文化强国战略的基本内涵。

"文化强国"战略的提出，是对改革开放以来我国多种文化战略体系分立并存的状态在目标上的集结，原有的文化产业战略、文化事业战略、文化遗产战略、文化走出去战略等都将归结和汇流于文化强国的总体性战略目标之下，形成新的文化发展合力。

"文化强国"作为对改革开放以来我国文化复兴的一个总揽全局的国家战略，是立足于顶层设计的宏大愿景和基于文化发展进程的实践升华。在理论上，文化强国战略包括两大目标体系、五大战略路径、四大支撑体系。文化软实力与文化硬实力是文化强国建设的两大目标体系，二者互为表里、相互促动。文化产业发展战略、公共文化服务体系战略、文化遗产战略、文化走出去战略、文化创新战略构成文化强国的五大战略路径或五大战略体系。法律与政策制度、文化改革的体制环境、市场机制与公共平台、人才与科技要素构成文化强国的四大支撑平台。四大支撑平台是我国实现文化强国的重要外部基础，是支撑五大战略体系有效运行的基本保障。五大战略体系是文化强国这一庞大的整体性国家战略体系的子系统，也是达成文化软实力提升和文化硬实力增强双效目标的基本实现路径。

3. 文化强国战略的意义。

"文化强国"战略的提出，建立在对世界范围内文化产业快速发展和文化产业在一些国家作为国家战略取得重大成就的认知和理解基础上；建立在对改革开放以来我国文化发展基本进程、历史阶段和现实要求的准确把握的基础上，对当前国家文化的发展具有重要的战略意义。

从国际背景来看，国际经济二次探底，出现失业率高、贸易萎缩等问题时，中国却在经济危机当中一花独秀。但在我国经济实力不断增长的同时，软实力发展还不够，中华文化的优秀成果如天人合一、和而不同、和谐文化等文化资源的国际影响力还有限。[1] 因此，在国际经济新秩序构建的过程中，"文化强国"战略的实施有助于促进我国国家经济政治文化地位的提升，有助于为世界经济做出更大贡献。同时，建设文化强国有助于树立良好的国际形象，推动中华文化走向世界。文化是一个民族在世界中的名片和身份象征，对提升国家形象具有重要作用。但当前西方国家对中华文化的认知仍然不充分、不完整，甚至存在误读等现象。在这种情况下，通过建设文化强国以提高国人素质、塑造文

---

[1] 齐勇锋：《建设"文化强国"两重背景五个标准》，载于《中国乡镇企业》2011年第10期。

明形象、扩大文化交流，能够消除西方国家对中华文化认识的隔阂，有助于推动中华文化走向世界。因此，在面临美国文化产业强势发展、英国创意产业迅速崛起、日本和韩国"文化立国"战略全面推进的背景下，我国"文化强国"战略目标的提出，是对国际文化发展趋势的准确把握和现实应对。

从国内背景来看，建设"社会主义文化强国"，是对中国特色社会主义理论体系的丰富发展，是对国内经济文化发展实践的现实反映。在理论上，这一新目标是在党加大文化建设力度，先后提出建设高度文明的社会主义强国、建设社会主义精神文明、建设有中国特色的社会主义文化、推动社会主义文化大发展大繁荣等目标的基础上提出来，体现了"文化建设"替代"精神文明建设"语义指称变化过程中文化发展的独立化过程，① 是当代中国特色社会主义理论体系的新发展。在实践上，这一目标的确立是对国家经济发展转型、产业结构升级过程中的国家发展战略的总体考量；是对30余年来文化改革发展进程逐渐从零散化的自主探索阶段演进为近年来文化发展自觉主动、全面布局阶段的总结；是文化产业发展、公共文化服务体系构建、文化遗产保护与利用、文化走出去等文化发展与建设成就现实推进的结果。

"文化强国"战略目标的确定，标志着我国文化发展进入了一个新的黄金发展期。围绕实现"文化强国"战略目标，部署文化改革发展的指导思想、重要方针、目标任务、政策措施，有助于国家文化软实力的提升、硬实力的增强，有力地推动了国家各项事业的不断发展，对夺取全面建成小康社会新胜利，开创中国特色社会主义事业新局面，实现中华民族伟大复兴，具有重大的现实意义和深远的历史意义。

---

① 沈传亮：《"建设社会主义文化强国"目标的确立》，载于《学习时报》2011年10月31日。

第五章

中国文化体制改革的全面深化阶段（2013年至今）

在基本完成上一阶段文化体制改革任务后，中国文化体制改革进入了攻坚克难的全面深化改革的深水区。在新的改革阶段，文化体制改革面临更为复杂的局面和困难，为此，党的十八大和十八届三中全会均对深化文化体制改革作出了专门部署，2014年中央全面深化改革领导小组第二次会议审议通过了《深化文化体制改革实施方案》，党的十九大也提出了继续深化文化体制改革的战略要求。在国家政策动能和行业发展实际需求的推动下，文化体制改革在多个重点领域继续展开。

一、从"文化管理"到"文化治理"

长期以来，我国对文化领域实行的是管办不分的模式，直到改革的不断推进，逐步实现了管办分离，才真正建立了中国的文化管理体系。随着中国国家治理体系和治理能力概念的提出，我国文化领域也必将从"文化管理"走向"文化治理"。

(一) 文化治理的内涵

治理理论于 20 世纪 90 年代起源于公共服务供给的政府与市场双失效、社会力量的发展及其处理公共事务能力的提升等背景，提出政府、市场、社会多个主体通过协作、互动结成伙伴关系，共同治理公共事务，以提高治理效率及维护公共利益[①]。该理论为公共服务供给提供了新视角。全球治理委员会认为治理是"各种公共的或私人的机构管理共同事务的诸多方式的总和，是使相互冲突或不同的利益得以调和并且采取联合行动的持续的过程"[②]。不同于传统"统治"概念中自上而下的权力控制，"治理"作为一个以协调为核心的合作过程，强调多主体参与、相互间权力依赖、不限于政府的权威以及自主性网络的形成。[③]

随着治理理论不断发展，治理的多元性逐步明确。治理理论强调政府不再是治理的唯一主体，社会组织与公民个人不再是公共服务的被动接受者，而是可以成为政府的合作者，作为治理主体参与公共事务的设计、提供、监督、管理等。多元主体的存在及其关系的发展形成了一种由多元主体（政府、各类社会组织、企业、公民）构成的治理网络结构，该结构即是多元治理理论的基础。因此，多元治理理论实质上是建立在市场原则、公共利益和认同之上的合作，其权力向度是多元的、相互的。[④] 同时，多元治理主体的存在和复杂的治理网络结构决定多种治理手段与多种治理工具的并存。

从治理的概念和内涵看，文化治理与文化管理既有联系也有区别。管理范畴中包括"治理"，文化治理是政府文化管理的一

---

① 肖希明、完颜邓邓：《治理理论与公共数字文化服务的社会参与》，载于《图书馆论坛》2016 年第 7 期。

② 吴志成：《西方治理理论述评》，载于《教学与研究》2004 年第 6 期。

③ 王迪：《从国家包揽到多方参与——公共文化服务体系建设中的社会治理理念与实践》，载于《学术论坛》2017 年第 1 期。

④ 俞可平：《治理和善治引论》，载于《马克思主义与现实》1999 年第 5 期。

种创新形式，是文化管理在新的环境条件下的一种创新。文化治理与文化管理区别在于，文化管理体现的是政府官方机构一元主体的管理行为，而文化治理是政府、市场、社会组织、公民等多元主体一起进行的文化管理行为。在传统的文化管理范式下，文化管理的主体是单一的政府，市场和公众被纳入管理对象，是基于韦伯科层制的一种单向度的纵向权力运行机制。治理则强调主体的多元性、合作网络的交互性、管理过程的沟通性，其权力的运行是多元互动和多向交流的过程。在党的十八届三中全会确立"推进国家治理体系和治理能力现代化"的目标后，文化体制改革也必然要因应管理变革趋势，以治理理论为指导，推进政府文化职能的转变，明确政府、市场、公民各自的职能、作用和相互勾连机制。在新型文化治理模式下，构成治理结构的多元主体，它们立足于各自的本体诉求和职能优势，共同作用于整体性的文化管理范畴。政府主要通过制定文化政策和法规，依法管理和规范文化行业和组织发展，维护市场秩序，提供公共文化服务。市场通过市场机制进行文化资源配置和流动，促进文化生产和消费的高效率。社会组织作为重要的力量参与管理和提供相应服务。公众则从需求侧提出文化消费和发展的需求，从自下而上的评价角度等促进供给的优化。治理模式的引入，改变了政府、市场和公众之间的传统关系，赋予了市场和公众参与文化管理的主动性和主体性，进一步厘清了政府的职能边界，这也正是当前中国文化体制改革的核心问题所在。

（二）文化管理向文化治理范式转换的内在逻辑

我国传统的文化管理模式源于中国共产党长期革命斗争中的经验，在中华人民共和国成立初期借鉴苏联模式的基础上逐步形成和定型。这种管理模式在和平建设时期，尤其是在改革开放以后，逐步表现出对环境的不适应。

从体制变迁来看，基于战时文化宣传动员经验和参照苏联模式建立的文化管理体制,在中华人民共和国成立初期的计划体制下具有党政不分、党政监管、管办不分、计划管理等特征。这些特征在改革开放后面对不断发育和形成的文化市场表现出明显的不适应性。基于科层制的"树结构"纵向条条管理与属地管理的块块管理之间职能交叉,中央顶层设计与地方实践错位,政府与市场边界不清晰,政府文化管理出现明显的错位、越位与缺位现象,[①] 均导致了文化市场在资源配置中的决定作用难以有效发挥,降低了文化资源的有效使用和市场经济规律的运行效率。因此,改革开放后中国文化体制的改革探索一直未曾停歇。进入21世纪,社会主义市场经济体制的最终确立,对文化管理体制的改革提出了更高更紧迫的要求。所以,在前期探索发展的过程中,文化体制与其他行业体制一样面临着从传统管理范式向现代治理范式转换的历史机遇和现实要求。

  从环境层面看,我国文化体制改革所依赖的计划体制环境已经发生了根本性变化,但其实现改革目标所需依赖的市场体制环境却尚未完全建立,进而导致了改革的艰巨性和复杂性。例如,传统文化体制的"三大制度",即干部制度、劳动福利制度、户籍制度发生了部分变化;传统文化体制所依赖的计划体制所提供的经费支持方式正在发生变化;原来赖以提供身份保障和"体制内"的合法性权利的基本社会制度也随着计划体制向市场体制的全面转轨发生了较大改变。但是,市场体制下文化体制所依赖的法律法规体系、政策手段、社会保障体系却不尽完善,体现市场经济规律和社会化要求的法规制度严重缺乏,传统文化管理体制面临着严重的"体制困境"。同时,从外部经济环境看,在信息化、数字化和全球化浪潮下,一个更加自由、开放、有序的市场环境逐步形成,这对我国现有的文化管理体制形成了一种倒

---

① 张窈、黄先蓉:《我国文化管理体制改革的背景、问题及对策》,载于《山东图书馆学刊》2016年第4期。

逼。传统的基于行业分类和专业分工的行业和部门管理体制基础逐步被瓦解，行业边界的模糊和融合促使文化行业整体性治理的需求越来越明确。另外，市场经济的发育促成了社会资本和民间资本的成长，他们以更有效率的方式提供着丰富的文化产品和服务，从而更有效地参与文化建设进程，并引发出参与文化治理的需求。

在当前建设社会主义文化强国、推动文化大发展大繁荣的战略目标下，传统文化管理体制已难以应对经济环境变迁、行业结构变迁、技术基础变迁等多种变迁形成的新型文化生态环境，寻找突破传统管理体制的新路径成为必然趋势。

（三）文化治理的政策内涵与实践探索

治理作为管理的一种理论创新和突破，不断应用于世界各国各行业的实践发展。在我国，随着社会主义市场经济体制的建立和文化体制改革的不断推进，政府文化管理层面的理论突破和实践创新开始寻求新的道路和模式。在这一过程中，治理模式以其超越管理的优越性和有效性逐步为中国文化管理部门所接受。文化治理理念逐步融入中国文化领域。

在文化体制改革不断推进的过程中，文化由"管"向"治"转变的色彩渐渐浓厚。2005年年底，中共中央、国务院下发《关于深化文化体制改革的若干意见》的总体改革方案时就提出"文化体制机制创新是改革的重点，必须把发展社会主义市场经济和建设社会主义精神文明的要求统一起来，把健全宏观管理和搞活微观主体结合起来，革除制约文化发展的体制性障碍"，其中就体现了发挥市场主体作用等治理理念。党的十八届三中全会通过的《中共中央关于全面深化改革若干重大问题的决定》提出"全面深化改革的总目标是完善和发展中国特色社会主义制度，推进国家治理体系和治理能力现代化"。其中，对文化领域而言，推动文化管理向文化治理转进，是构成国家文化治理体系和治理能力现代化建设的重点。

此后，文化领域的重要政策举措都体现了文化管理向文化治理转变的意图。2015年1月，央办、国办下发《关于加快构建现代公共文化服务体系的意见》，对构建现代公共文化服务体系做出系统规划，其中鼓励社会力量参与，加强政府购买，倡导建立公众评价机制和文化需求征询管理机制等内容，都体现了促进文化管理向文化治理转变的意指。2015年5月，国务院办公厅转发文化部等部门《关于做好政府向社会力量购买公共文化服务工作的意见》，出台专门文件鼓励社会力量参与文化治理。2017年《文化部"十三五"时期文化发展改革规划》和《国家"十三五"时期文化发展改革规划》中提到坚持政府主导、社会参与的治理改革的相关政策要求。2017年《公共文化服务保障法》颁布，其中第2条、第13条、第24条、第25条、第37条、第42条、第48条、第49条、第50条、第53条均提到鼓励支持采用多种方式吸纳社会参与、采用多种手段为社会力量提供多种参与途径、发展与社会力量的合作关系以及建立公共文化需求征询管理机制等政策要求。一系列国家政策的出台与发布为我国社会力量和公众参与文化治理提供了政策支撑，指明了吸纳社会力量和公众参与的发展方向。

党的十八届三中全会将"推进国家治理体系和治理能力现代化"作为全面深化改革的总目标，确立了文化领域推进国家文化治理体系和文化治理能力现代化的命题。此后一系列的政策举措开始重视推进国家文化治理体系构建和治理能力现代化建设，文化治理在国家文化政策实践中不断践行。

推动传统管理主体向治理主体转变。即在服务型政府的建设过程中，促使传统文化管理手段向文化治理手段转变。首先，在制度设计上，文化体制管理机制改革重点关注进一步厘清政府职能，简政放权。例如下放或取消一些文化行政审批，或者借助现代网络技术开通方便快捷的网上审批。其次，改变政府大包大揽

第五章 中国文化体制改革的全面深化阶段（2013年至今）

的做法，将社会和市场能做的事情交给市场和社会，放权于市场调节。此外通过政府购买等方式提供服务，扩大市场配置资源的能力和作用。在此政策理念导向下，各地方纷纷展开相应的改革措施，并取得了初步成效。如陕西省铜川市人民政府在2018年启动政府管理机制与文化市场监管的治理改革。在行政审批方面，以"精简项目、压缩时限、承诺服务"为原则，对涉及文化广电局的行政审批事项进行精简与清理，经过清理，确立部门行政审批事项16项，全部纳入铜川市便民服务大厅集中办理，有效缩短审批时间，方便市民办理业务。在文化市场监管上，持续整顿和规范文化市场秩序，引导文化企业守法经营，营造公平公正、健康有序的文化市场环境。此外，铜川市在全省率先推行政府购买公共演出服务，并实行了"菜单式"点单服务，且出台了《铜川市政府购买公共文化服务实施方案》，把购买对象扩大到民营文化企业以及群众文化团体等。

注重引入社会力量参与文化治理，构建社会治理主体。根据党的十八届三中全会的政策要求，各级政府进一步发挥市场在文化资源配置中的决定性作用，充分调动各种市场主体和各种社会力量参与到文化建设中，以促进文化服务供给主体、供给方式和资金投入的多元化，形成"政府主导、社会参与、多元投入、协力发展"为基本特征的文化治理结构，以切实提高文化服务供给能力和总体水平。例如，山东省在2014年提出确立山东省图书馆、山东省文化馆、山东省博物馆、山东省美术馆等10家机构为公共文化机构法人治理结构改革试点，鼓励社会知名人士、文化艺术界专业人士以及群众代表等加入理事会，参与公益性文化事业单位的决策和监督，并鼓励社会力量、社会资本以捐建设施、捐资等形式参与公共文化服务体系建设。山西省晋中市于2015年7月成为第三批国家公共文化服务体系示范区创建城市后，坚持"政府主导、全民参与、共建共享"的原则，创新扶持引导与规范管理民办文化机制，加大民办公共文化设施资源整合力度，扩大政府购买服务，广泛吸引社会组织、社会资本参与公共文化服务。① 引入社会力量参与文化建设，有利于改变政府大包大揽的传统做法，提高政府管理水平和公共文化服务的社会效率，有利于发挥社会力量在提供文化服务和产品、改善社会文化治理方面的作用，进而激发整个社会的文化活力和文化创造力。

强化服务对象的主体性构建，积极推进公民参与治理。国家在多个政策文件中提出要建立公众参与的绩效评价机制，建立公共文化需求征询制度。其中，建立公共文化需求征询机制的作用尤为重要。文化需求征询机制的目的在于拓宽公众的信息反馈渠道，畅通其文化需求的表达途径，通过不断提高群众对公共文化服务的知晓度、参与度和满意度，进而推动现代公共文化服务体系的建构。同时，在进行文化需求征询反馈的同时，也能增进群众对文化建设的了解和参与，促进群众参与文化治理过程，培育群众文化参与的主体性。在各地实践中，部分地方已经出台专门管理制度来推进征询机制的建立，如江苏省江阴市于2015年出台《关于建立公共文化服务群众需求征集和评价反馈机制的通知》，浙江省下城区也出台了相关管理办法探索建立群众需求征集和评价反馈机制。此外，部分地区还积极通过组织民间性文艺团体、演出队、志愿者队伍等形式鼓励公民参与文化建设和治理过程。

二、建立和完善国有文化资产管理体制

近年来，随着文化体制改革的深入推进和国家文化大发展大

---

① 《激发社会力量活力，参与公共文化建设》，载于《中国文化报》2018年4月4日。

繁荣目标的确立，大量经营性国有文化事业单位正经历着从单位制过渡到企业制的变迁过程，经历着计划体制下政府单一"控制型"管理模式向市场体制下政府—企业"委托代理型"管理模式的转进，文化企业国有资产总量急剧攀升，资本运作方式发生新变，国有文化资产的监管面临艰巨任务。在相关政策要求和实践探索过程中，逐步明确了建立党委和政府监管国有文化资产管理机构，建立完善管人管事管资产管导向相结合的国有文化资产管理体制的基本思路。

（一）国有文化资产管理体制建构的政策要求

从2005年《中共中央国务院关于深化文化体制改革的若干意见》开始，党和政府就高度重视国有文化资产管理体制的建构，从一开始强调其重要性和必要管理程序，到不断深化和明确其管理目标、监管职责、监管主体、监管程序和实施方案等核心内容，国有文化资产管理在国家层面的政策动议层层递进。

2005年12月，《中共中央国务院关于深化文化体制改革的若干意见》强调了文化体制改革中资产管理的重要性和必要程序，要求文化事业单位的转制应"做好资产评估和产权登记等工作。确认出资人身份，明确出资人权利，建立资产经营责任制。要确保国有资产安全，防止国有资产流失"。国有文化资产管理问题已开始得到国家高层的重视。

2007年9月，财政部、中宣部、文化部、广电总局、新闻出版总署颁布《关于在文化体制改革中加强国有文化资产管理的通知》，对国有文化资产管理的领导体制、管理体制、办事程序、考评机制等问题作出明确规定，文化体制改革中的国有文化资产管理问题正式纳入整体性文化体制改革的政策议程。

2008年9月，财政部、中宣部、新闻出版总署《关于中央出版单位转制和改制中国有资产管理的通知》和2008年10月国务院办公厅《关于印发文化体制改革中经营性文化事业单位转制为企业和支持文化企业发展两个规定的通知》，又明晰了文化体制改革中资产管理的有关规定和政策措施。

2011年10月，十七届六中全会通过《中共中央关于深化文化体制改革推动社会主义文化大发展大繁荣若干重大问题的决定》，进一步提出"完善管人管事管资产管导向相结合的国有文化资产管理体制"的要求。加强国有文化资产管理的政策动力再次得到提升。

2013年，党的十八届三中全会提出要按照政企分开、政事分开原则，推动政府部门由办文化向管文化转变，推动党政部门与其所属的文化企事业单位进一步理顺关系。建立党委和政府监管国有文化资产的管理机构，实行管人管事管资产管导向相统一。

2014年，《关于印发文化体制改革中经营性文化事业单位转制为企业和进一步支持文化企业发展两个规定的通知》提出要建立党委和政府监管国有文化资产的管理机构，强调国有文化企业要健全协调运转、有效制衡的公司法人治理结构，探索实行特殊管理股试点和股权激励试点。

2015年9月14日，中共中央办公厅、国务院办公厅印发的《关于推动国有文化企业把社会效益放在首位实现社会效益和经济效益相统一的指导意见》，针对一些国有文化企业改革不到位、两个效益相统一的问题还未很好解决、国有资本运行效率还不够高等问题，继续强调要建立党委和政府监管国有文化资产的管理机构，要求各地结合实际对本地国有文化资产的监管模式继续进行改革探索，完善宣传部门有效监管的管理体制和工作机制，推动主管主办制度与出资人制度的有机衔接。

从国有文化资产管理体制建构的一系列的政策动议和变迁过程可以看出，国有文化资产管理体制的制度设计和机制建设思路不断演进和定型，即监管主体逐步从政府主体转变为党委和政府联合主体，并以此建立和完善相应的监管机构，以及建立从中央到地方的相关资产管理体制。

（二）国有文化资产管理建构的一般性原则与特殊性政策目标

国有文化资产管理体制的建构与完善，是一项极为复杂的系统工程。它既包括国有文化资产管理机构的设置和相关部门的职能划定，也包括国有文化资产出资人的确定，国有文化资产产权所有者、管理者、经营者之间的职责划分等诸多问题。因此，需要明确国有文化资产管理体制建构的基本原则和特殊性政策目标。

1. 共通性原则：基于国有资产管理体制的借鉴。

尽管我国的国有资产管理体制仍存在监管机构"出资人和监管人"双重身份、竞争领域政企分开不到位与垄断领域政府规制不到位①、不完全信息和内部人控制、自身监管缺位等问题②，但"国资委"模式大大加快了国有企业的改革和发展进程，其管理方式和管理水平的经验对国有文化资产管理具有重要借鉴意义。

第一，建立"国家统一所有、政府分级代表"的管理体制。2008年颁布的《中华人民共和国企业国有资产法》确立了"国家统一所有，政府分级代表"的监管体制，使"政府分级管理"转变为"分级代表"，更强调政府出资人职责、权利和义务。实践经验表明，尽管国有资产"国家统一所有，政府分级代表"体制仍旧存在一些改进空间，如地方政府仍然不是资产的终极所有权代表等③，但仍然是当前较有效率的一种体制模式。国有文

---

① 荣兆梓：《国有资产管理体制进一步改革的总体思路》，载于《中国工业经济》2012年第1期。
② 丁传斌：《国资委出资人监管职责与行政监管职责的厘定》，载于《企业经济》2012年第5期。
③ 焦建国：《国有资产管理体制中的中央与地方关系——历史评价、现实操作与未来选择》，载于《财经问题研究》2005年第3期。

化企业与国有企业在分布形态、层级关系和资产属性上具有的共性，决定了国有文化资产管理体制建构应当与国有资产管理的体制模式接轨，建立"国家统一所有，政府分级代表"的体制模式。

第二，实现资产所有权、行政管理权、资产经营权"三权"分离。文化企业国有资产属于全民所有，但由于全体人民不能作为一个实体履行出资人职责，所以长期以来政府代表人民行使了这一职能。同时，政府又是全国社会经济的管理者，因而在改革开放初期，政府就拥有了对文化单位（企业）的资产所有权、行政管理权和资产经营权，三权集于一身。这种管理体制在国有资产管理的实践中已经被证明是一种低效率的管理模式。实现行政管理权、资产所有权、资产经营权相分离，成为国有文化资产管理体制建构初期就必须遵循的基本原则。

第三，建立完善现代企业制度和法人治理结构。"按照现代企业制度的要求，加快推进国有文化企业的公司制改造，完善法人治理结构"，是经营性文化事业单位转制为文化企业的基本原则和目标，也是当前国有文化企业亟待继续努力实现的目标。目前，文化企业面临的种种经营问题的根本原因在于：一是产权关系不明，所有权、监管权和经营权的权责关系不明晰；二是治理结构不完善，仍旧遵循原有的管理模式，甚至出现"企业事业化管理"的现象。因此，国有文化资产管理体制建构中必须考虑文化企业的产权关系，与国有企业一样，要推动文化企业建立现代企业制度，完善法人治理结构。

2. 特殊性政策目标：立足于文化行业本体属性的考量。

首先，国有文化资产管理体制不仅仅是新建一个独立的管理体系，还需兼顾文化领域大部制改革的基本政策取向。2008年中共中央、国务院出台的《关于深化行政管理体制改革的意见》和2012年党的十八大均明确提出大部制改革的政策要求。2013年，十二届全国人大一次会议审议《国务院机构改革和职能转变方案》，在部分领域开始推进大部门制。文化领域的大部制探索起步较早，截至目前，全国大部分县级、市级政府均实行了大文化部门体制。同时，中央层面的文化大部制也已迈出坚实的步伐。2013年，国家新闻出版总署、国家广播电视电影总局合并组建"国家新闻出版广电总局"，并牵动省级新闻出版和广电部门的合并。2018年，文化部和国家旅游局合并成立文化和旅游部，电影和新闻出版划入宣传部，组建国家广电总局，进一步推进大部制改革探索。在文化大部制改革的整体趋势下，如果国有文化资产管理体制的建构不顺应改革大势，而自顾自地建立独立且封闭的管理体系，不但不能有效地发挥监管国有文化资产的职能，而且还会为纷繁复杂的文化管理体制新增一个管理体系，造成更加混乱的职权交叉局面。因此，国有文化资产管理体制的建构需要进行"观念前置"，设计出既符合当前文化体制大部制改革趋势，又符合中国国有文化资产管理内在要求的制度体系，实现二者的协同创新。

其次，正确认识"意识形态管理"的特殊性，实现管人管事管资产管导向的"四管统一"。作为文化体制改革中的一个重要议题，国有文化资产管理体制建构必然要在意识形态领域遵循基本的价值属性和政策导向，坚持将"管导向"合入管人管事管资产的管理体系内，并要置于旗帜性和方向性的位置。文化企业供给的文化产品和服务隐喻了国家文化主流价值观、文化安全观、文化话语权等多种意识形态内容，因此，对文化企业国有资产的管理必然不能抛开导向管理，而仅仅偏向于经济价值层面。并且，在当前的政治生态环境下，导向管理不仅关系到主流价值观引导、传播能力和影响力提升等意识形态安全方面的价值意义，同时往往也具有对管人管事管资产的"一票否决权"，这就决定了"管导向"在整个国有文化资产管理中必须占据重要地位。"管导向"集中体现了国有文化资产管理不同于国有资产管理的特殊性。①

最后,在社会效益的首位性原则下,建立社会效益和经济效益相统一的绩效考评机制。2015年《关于推动国有文化企业把社会效益放在首位实现社会效益和经济效益相统一的指导意见》明确提出要"建立健全把社会效益放在首位、实现社会效益和经济效益相统一的考核评价标准"。社会效益"在促进物质文明和精神文明建设以及社会全面进步方面所产生的效用或作用,它较多地与全民族精神和社会利益相关"②,坚持社会效益的首位性,实现社会效益与经济效益相统一,是我国文化发展的基本原则要求。国有文化资产管理的绩效考评机制,是包含管人、管事、管资产和管导向的综合评价体系,既有与国有资产保值增值相一致的共通性经济标准,也有相异于国有资产考核的社会效益标准;既要以国有文化资产的保值增值为基本目标,又要兼顾国有文化企业所承担的"政策性负担"③,如政治宣传任务、维护社会主流价值观、打造社会主义核心价值体系、建设中华民族共有精神家园等。因此,绩效考评必须从社会效益和经济效益两个层面进行,以此建立科学合理的监督制度和考核机制。

(三) 我国国有文化资产管理的实践模式

与国家政策要求相呼应,中央和地方省市开始探索建立国有文化资产管理体制。至2018年年底,上海市(2004年)、重庆市(2004年)、深圳市(2009年)、江苏省(2009年)、山东省(2011年)、湖北省(2011年)、北京市(2012年)、湖南省(2012年)、山西省(2017年)、河北省(2018年)等部分省市

---

① 陈庚、傅才武:《文化企业国有资产管理的特殊性及其政策思路》,载于《学习与实践》2015年第6期。

② 陈立旭:《论文化产品的社会效益和经济效益》,载于《中国社会科学》1998年第5期。

③ 林毅夫、李志赟:《政策性负担、道德风险与预算软约束》,载于《经济研究》2004年第2期。

和中央已进行了国有文化资产管理体制的探索,制定了当地和中央文化企业国有资产监督管理的体制结构和相应制度规定。目前,根据国家的基本思路和政策要求,中央和部分省市已经出台了有关文化体制改革进程中国有文化资产监督管理的相关政策规定,形成了几种典型的模式。

1. 中央"文资办"模式。

2009年10月,中央批示由财政部代表国务院履行中央文化企业国有资产出资人职责。2010年7月,中央文化体制改革领导小组批准成立中央文化企业国有资产监督管理领导小组,并设立中央文化企业国有资产监督管理领导小组办公室作为具体执行机构,简称中央"文资办"。"文资办"监管体制挂靠财政部,发挥财政的杠杆作用,联合财政部、中宣部,推动重点文化企业兼并重组、资源整合,促进文化资源在全国范围内合理流动;履行出资人职责和文化资产监管双重职责。"文资办"的正式成立,标志着中央层面文化企业国有资产管理体制探索正式启程。中央"文资办"模式具有以下作用:一是改变了国有文化资产所有者缺位的局面。其将分散的国有文化资产监管职能集于一身,且通过国有文化资产监管机构间接管理文化企业实现政资、政企分开。二是建立了专门的国有文化资产管理体制,将对地方省市形成示范效应。"文资办"代表政府履行国有文化资产监管职能,确保国有文化资产保值增值,且强调依照文化产业的属性,推动经营性文化企事业单位转企改制走向市场。[①]

2. 宣传部门主导的地方"文资办"模式。

宣传部门主导的地方"文资办"模式是指以宣传部门为核心的文化资产管理模式。上海、深圳市早在国资委成立之初,就

[①] 郑培源、梁敏:《文资新政:中央与地方频推融资政策扶持文化产业》,2012年8月16日,http://www.ccnt.gov.cn/xxfbnew2011/xwzx/lmsj/201208/t20120816_261594.html。

将包括宣传文化企业在内的市属经营性国有资产全部纳入国资委出资监管范围,实现了经营性国有资产监管的全覆盖。

上海市于 2004 年 11 月成立市委宣传部国有资产监督管理办公室,直接主管负责上海文化领域国有资产监督管理的具体工作。市国资委复函市委宣传部《关于委托中共上海市委宣传部对市宣传文化系统国有资产实施管理的函》,完成了监管关系调整的法律手续。近年来,上海市委宣传部实行国有资产监督管理办公室对上海市属宣传文化系统的经营性和非经营性国有资产实施分类监管,建立不同的责任考核体系和监管制度,并推进了上海新华发行集团战略发展规划和企业上市方案的制订、世纪出版集团的转企和股份制改制,以及发起设立股份有限公司的文件拟定,推进印刷集团的进一步重组改制等方面的实际工作。①

深圳市在 2007 年批准设立市委宣传部国有文化资产监督管理办公室,并于 2008 年出台《深圳市属国有文化集团资产监督管理暂行办法》等"1+7"文件,编制了《深圳市属国有文化集团资产监督管理制度汇编》,作为国有文化资产监督管理的基本政策依据。深圳文化资产管理模式具有以下特征:一是明确了国有文化资产的监管主体。设立的"国有文化资产监督管理办公室"负责国有文化资产监管的日常工作,履行市属国有文化企业的出资人职责,对文化企业国有资产进行委托管理。二是界定了国有文化资产监管范围。三是明确了国有文化资产监管程序,②并建立了完备的管理制度。

上海、深圳市经过探索形成了科学的高度授权的委托监管模式,明确省国资委履行省属宣传文化企业出资人职责,以宣传部

---

① 《上海市成立文化领域国有资产监督管理办公室》,中国文明网,2009 年 10 月 27 日,www.wenming.cn。
② 王德全:《关于深圳文化体制改革与文化产业发展情况调研报告》,新浪网,2012 年 2 月 7 日,http://blog.sina.com.cn/s/blog_811a12b9010123dd.html。

门为主导，推动国有文化企业的导向管理。

3. 财政部门主导的地方"文资办"模式。

地方"文资办"的财政部门主导模式是指以财政部门为核心的文化资产管理模式。由各级财政部门代表本级人民政府对文化企业履行出资人职责，江苏、广东、山东是以财政部门为主导的文化资产管理模式的代表。

山东省于 2011 年 4 月出台了《省属文化企业国有资产监督管理暂行办法》，对山东文化企业国有资产进行监管。基本做法是：一是明确国有文化资产的监管职责。明确财政部门监管文化企业重大事项，建立经营预算制度，规范和引导收入分配，督促国有文化企业建立现代企业制度和法人治理结构。二是规范文化企业监督管理中的审批程序。该办法确立以账面净值在 200 万元为分界点，对不同企业状况进行审批或者审批备案范围和基本程序。三是建立完善的绩效考核机制。财政部门通过企业上报的国有资产经营报表等有关资料，结合文化企业各能力因素，对文化企业实施监督考核，并且通过财务年度审计得出文化企业国有资产保值增值、负责人和领导班子的考核依据。[1] 山东省把体制改革与资源整合、结构调整结合起来，组建一批大型文化企业集团，建立完善国有文化资产管理体制和运行机制，确保了国有文化资产保值增值。

江苏省在 2009 年出台《江苏省文化企业国有资产监督管理办法》，由各级财政部门代表本级人民政府对文化企业履行出资人职责。在建立国有文化资产管理体制的过程中，江苏省的主要做法包括：第一，开展清产核资工作。监管部门通过清产核资掌握了文化企业的基本情况，为建立监管体制，确立监管程序和监管方式奠定基础。第二，明确财政部门的出资人职责。第三，推

---

[1] 参见《山东省出台文化企业国有资产监督管理办法》，中国政府网，2011 年 1 月 7 日。

进信息化管理,研发"江苏省文化企业及行政事业所属企业资产管理信息系统",用于完善省级文化企业的基础信息管理工作。第四,完善制度体系建构。江苏省财政厅以《江苏省文化企业国有资产监督管理办法》为核心,同时出台了《江苏省省级文化企业重大事项管理实施办法》。第五,以学习培训为途径,建设资产监管队伍。① 同时,江苏省又通过"六大举措"促进监管制度完善与文化企业健康发展,加强对文化资产的管理。在一系列政策举措实施后,江苏省基本建立了省级文化企业资产管理体制。②

除山东、江苏外,湖南、云南等省市也采取财政部门主导的国有文化资产管理体制。以财政部门作为主导进行国有文化管理体制建构,其特点是:第一,有利于进行产权登记、清产核资等资产管理工作;第二,符合2008年国家颁布的国有文化资产管理的相关政策要求;第三,在地方上,大部分财政部门主导的"文资办"都内设于财政厅,管理层级和管理级别不高,不利于国有文化资产的全面管理;第四,由于机构定位的问题,财政部门主导的管理体制在导向管理上存在着天然的不足。

4. 授权经营的地方模式——重庆。

在国有文化资产管理的实践过程中,重庆及宁波等地积极推

---

① 参见《江苏文化企业国有资产监管探新路》,2012年6月2日,http://www.21cbh.com/2012/cfen_602/141005.html。
《全国各地财政部门大力支持文化事业发展》,中国政府网,2011年10月23日,http://www.gov.cn/gzdt/2011-10/23/content_1976269.htm。
② 包括:一是开展省级文化企业重大事项管理实施办法执行情况督查,加强重大事项管理;二是坚持定量与定性考核相结合,分类与综合考核统一,考核结果与收入分配、奖惩挂钩的原则,完善企业负责人年度绩效考核;三是建立省级文化企业监事会制度,启动委派监事会主席,完善企业法人治理结构;四是建立产权登记信息数据库,开展企业国有产权登记;五是加强省级文化企业国有资本收益收缴和使用管理,建立国有资本经营预算;六是按照"建立党委和政府监管国有文化资产管理机构,实行管人管事管资产管导向相统一"的精神,进一步完善管理体制。——《江苏财政:构建文化企业国有资产监管新体制》,2014年4月18日,http://www.chinairn.com/news/20140419/105150521.shtml。

第五章　中国文化体制改革的全面深化阶段（2013 年至今）

进国有文化资产管理体制改革，采取了地方文化资产管理的授权经营模式。2003~2005 年，重庆市政府先后批准成立了"重庆市国有资产监督管理委员会""重庆市国有文化资产经营管理公司""重庆市国有文化资产经营管理有限责任公司"（以下简称公司）。由此，重庆市建立起国有文化资产运营和监管的新体制。具体做法是：首先，明确出资人与基本权限。重庆市国有文化资产经营管理有限责任公司经重庆市政府授权，以公司的方式行使出资人职责，重庆市政府担当委托人和出资人。市政府直接授权给公司，授权公司负责监管市级文化企事业单位所占有、使用及运营的国有文化资产，同时对授权范围内所属的国有文化资产拥有完整的法人财产权。[①] 其次，建立政府部门联合监管的模式，明确文资公司的职责内容。重庆采取的是由市委宣传部主管，市财政局监管，市文改办协同推进的方式。公司作为拥有国有资产出资者权利的特殊企业法人，必须承担明确监管内容、制定规划与制度的职责。

此外，"重庆市国有文化资产经营管理有限责任公司"借鉴国资委的一些成熟做法，结合四大集团的实际情况，拟定了"1+5"的规章制度，确立了基本的资产管理制度。[②] 国有文化资产授权经营模式的特点：一是有利于政企分开；二是授权经营国有文化资产的机构与控股、参股企业不再是行政隶属关系，而是以资产为纽带的出资者与经营者的契约关系；三是授权经营模式在一定程度上解决了国有文化资产出资人"虚位"问题，确保了文化企业的市场主体地位。

[①] 《重庆市人民政府关于同意成立重庆市国有文化资产经营管理有限责任公司的批复》，2004 年 12 月 10 日。

[②] "1"就是 1 份基本文件，即：《关于加强国有文化资产监督管理的意见》；"5"就是 5 份配套文件，即：《四大集团国有资产保值增值考核指标及领导层薪酬方案》《市级文化企事业单位重大投资项目管理办法（试行）》《关于贯彻〈重庆市经营性国有产权转让暂行办法〉有关问题的通知》《重庆市国有文化资产评估项目核准管理办法和备案管理办法》和《监事会工作暂行规定》。

5. 政府直属模式——北京。

北京是政府直属模式的代表，根据《北京市人民政府办公厅关于设立北京市国有文化资产监督管理办公室的通知》，北京市设立北京市国有文化资产监督管理办公室，作为市政府授权管理国有文化资产的政府直属机构。北京市"文资办"的设立，将管人、管事、管资产、管导向四种管理权集合于一体，有助于"文资办"充分行使职权，实现"政资分开"。北京"文资办"特征是：第一，全面管理经营和非经营性文化资产，全面推行"政资分开"，资产管理部门和文化行业行政管理部门彻底分开，为政企分开、政事分开提供了前提条件。第二，国有文化资产管理相对独立，建立起自上而下的业务指导关系，利于在全市范围内推动文化资源的整合和文化资产的兼并重组。[①]

综上所述，我国国有文化资产管理体制的实践探索主要可归结为以上五种模式。各种模式的区别主要在于：上海和深圳以宣传部门作为国有文化资产管理的主管部门；重庆模式是通过设立单独的文化资产管理公司来建立国有文化资产管理体制；中央与江苏、山东则是以财政部门作为国有文化资产管理的主管部门；北京是将文化资产管理部门独立出来，作为政府直属的特设机构。从实践效果看，五种管理模式各有优劣，但其共同的借鉴意义在于：一是建立国有文化资产监督管理专门机构，统筹负责国有文化资产的监督管理工作；二是建立完善财政部门、宣传部门、文化行政主管部门、国资委等相关部门的沟通协调机制；三是国有文化资产监管必须以社会效益与经济效益双重目标为导向，同时实现文化资产所有权、经营权和监督管理权的三权分离。需要指出的是，在国家层面对国有文化资产管理体制的设计思路逐步明确和统一的情况下，各地面临着进行相关机构调整、

---

① 孔建华：《我国国有文化资产管理体制改革十年回顾与北京策论》，载于《中国文化产业评论（17）》，上海人民出版社2013年版。

制度设计优化的任务，国有文化资产管理体制的建构仍然任重道远。

三、大部制改革与文化机构改革创新

要推进文化创新，增强文化发展活力，必然涉及承担文化监管与服务职能的各个政府部门，涉及如何构建协调有效的文化管理与服务体制。文化领域的机构改革，需要从大部制改革角度讨论我国文化体制创新改革过程，厘清国务院机构改革基本精神与文化管理体制发展现状的关系，推动党委与政府文化部门的职能划分与机构的有机整合，实现文化建设领域公共管理与服务职能的统一化，构建协调高效的政府文化管理体制。围绕我国文化体制改革进程中文化监管职能划分与政府部门服务优化升级等体制机制改革内容，可以从大部制改革视角、事业单位分类改革进程、文化领域法人治理结构改革与文化企业现代企业制度建立与更新四大层面进行梳理探究。

（一）文化领域的大部制改革

我国传统文化行业是指形成于计划体制时期的，以"专业分工—行业分类"为基本理念设计的相对封闭的文化事业行业部门，包括文化文物、新闻出版和广播电视电影三大行业。中华人民共和国成立之初，我国就按照文化艺术行业、广播行业、出版行业的行业边界建构基本的管理结构，改革开放后，随着广播电影电视行业、出版行业的快速崛起，文化艺术、广播电视电影、新闻出版"三分天下"的管理结构在20世纪90年代期间基本定型。

进入21世纪，数字技术、互联网技术、信息技术的高速发展带来了行业发展的新变革。在数字化、信息化的基础上，原先不同服务产品的提供方式及途径趋于同一，行业的业务边界开始发生交叉与重叠，[①] 使电信、广播电视和出版三大产业从各自专用技术平台转向非专用平台。[②] 这种技术环境整体性变迁的影响已深入到文化领域的各个层面，加速了文化行业之间的融合。首先，信息技术已经打破了传统文化行业之间的"藩篱"，促进了传统文化行业在信息技术平台上的深度融合，其结果是产生了诸多新的交叉性新兴产品和行业领域。再者，信息技术平台效应的发挥，最直接的结果是模糊了传统文化行业的边界，使文化行业呈现大市场、专业化的发展趋势。同时，信息技术的平台效应引起了"政府—市场"之间边界的移动。信息技术主导下文化行业内在结构、市场结构的深度变化，为大文化部制的实施奠定了社会基础。一些新兴产业的崛起，使以往传统的行业对应关系被信息技术革新带来的一系列行业新变和融合所消减，基于现实文化科技结构的新型大部门体系的公共管理结构亟待建立。

文化领域的大部制探索起步较早，主要践行于地市和县两级政府。1998年，海南省设立文化广电出版体育厅，主管全省文化艺术和文物、广播电影电视、新闻出版和版权、体育运动工作。[③] 2000年8月，湖北省新设立的随州市把文化局、文物局、体育局、新闻出版局予以合并，统称为文体局。2004年9月，作为全国文化体制改革试点城市之一的杭州市将原有的文化局、广电局、新闻出版局合并，设立了杭州市文化广电新闻出版局，

[①] 周振华：《产业融合：新产业革命的历史性标志——兼析电信、广播电视和出版三大产业融合案例》，载于《产业经济研究》2003年第1期。

[②] Ono, R. and Aoki, K.. Convergence and new regulatory framewoks, *Telecommunications Policy*, Vol. 1998, 22.

[③] 孙荣飞：《地方"大部制"不搞"一刀切"海南深圳先试水》，载于《第一财经日报》2008年3月13日。

第五章　中国文化体制改革的全面深化阶段（2013年至今）

统一原有三个系统的管理体制和结构体系。① 2007年大部制改革政策要求出台后，各地方政府加快了大文化部制的整合改革。上海市、天津市分别于2008年和2009年进行机构改革，设立文化广播影视管理局。重庆市在2004年将重庆市文化局和广播电视局整合改革为重庆市文化广播电视局的基础上，于2013年再次迈出大文化治理改革的步伐，将重庆市文化广播电视局与重庆市新闻出版局进行合并，组建了重庆市文化委员会（重庆市版权局）。武汉市在2013年进行了大文化机构整合，成立文化新闻出版广电局，统一行使文化艺术、文物、新闻出版和著作权、广播电影电视相关领域的行政管理职能。地方政府的改革实践为中央层面的大文化部制改革提供了重要经验，促进了中央层面的"大文化"机构改革。2013年《国务院机构改革和职能转变方案》首先推进了文化领域的大部制尝试，撤销国家新闻出版总署、国家广播电视电影总局，组建"国家新闻出版广电总局"，统筹管理新闻出版广播影视行业。这次大部制改革具有重要的破冰意义，明确了文化领域改革发展的大部制趋势。2018年3月21日，中共中央印发《深化党和国家机构改革方案》，对我国党政机关进行大规模机构改革，其中文化领域的机构改革是：整合文化部和国家旅游局组建文化和旅游部，中央宣传部统一管理新闻出版工作和电影工作，组建国家广播电视总局，不再保留国家新闻出版广电总局。文化领域的大部制机构改革迎来新的局面。

2018年党和国家的机构改革具有不同于以往国家机构改革的特殊意义。首先，以往的历次机构改革主要是国家机构改革，并不涉及党的机构改革，而这次机构改革的一个基本特征就是党的机构和国家机构的改革以及两者之间相应职能的划分。这是在新时代党和国家机构设置和职能配置同"五位一体""四个全

---

① 陈世香：《大部制视角下地方政府文化管理体制改革进程及其挑战》，载于《上海行政学院学报》2010年第5期。

面"战略布局的要求还不完全适应的背景下，推出的一种关于政府治理的新政策和新思路。这次机构改革调整所体现的一种基本旨意在于要坚持和加强党的全面领导。其次，此次改革对文化领域的影响亦非常深远，彰显了党的领导在文化建设中的重要性，坚持党的领导既是重要原则也是内在要求，并根据当前文化领域机构职能体系存在部分分化等突出问题，进行了相应的大文化整合，尤其是文化和旅游部的组建，为文化领域的发展提供了新的契机和新的思路。

2013年和2018年两次重大的机构改革都彰显了文化领域大部制改革的历史趋势，传统的文化部（文物局）、国家新闻出版总署和国家广播电视电影总局"三分天下"的管理格局逐渐被打破，逐步向党委和政府领导下的大文化管理体制演进。在将来的大部制改革中，关键点仍在于要厘清大文化部与横向部门间的功能关系和结构模式，规避与横向部门在管理事权上的再次交叉重叠；同时，注意大文化部门内部的分工和职能划分，进行内部流程再造，发挥大文化部门的管理效能。

（二）文化事业单位分类改革

改革开放以来，我国的文化事业单位一直都在进行相应的分类改革探索。1988年，国务院批转文化部《关于加快和深化艺术表演团体体制改革意见的通知》，对艺术表演团体提出了"双轨制"的改革措施，要求"需要国家扶持的少数代表国家和民族艺术水平的、或带有实验性的、或具有特殊的历史保留价值的、或少数民族地区的艺术表演团体，可以实行全民所有制形式，由政府文化主管部门主办。大多数艺术表演团体，应当实行多种所有制形式，由社会主办"。一系列政策措施带领文化体制改革进入整体持续深入阶段。2002年党的十六大首次提出将经营性文化事业单位和公益性文化事业单位进行分类改革，按照文化事业与文化产业的区分进行分途发展，明确了"传统文化事业单位"的分类思路。此后，公益性的文化事业单位参照其他事业单位分类改革的整体思路进一步展开了分类改革。

2006年中央编办《关于事业单位分类及相关改革的试点方案》，在事业单位分类改革中，将事业单位划分为承担行政职能的、从事公益服务的和从事生产经营活动的三个大类。2008年，十七届二中全会通过的《关于深化行政管理体制改革的意见》，提出了"政事分开""事企分开"和"管办分离"的分类改革原则，对事业单位分三类进行改革。2008年11月，中央编办印发了《关于事业单位分类试点的意见》，将事业单位划分为承担行政职能的、从事公益服务的和从事生产经营活动的三个大类，其中从事公益服务的事业单位又分为公益一类、公益二类、公益三类。

2011年，中共中央国务院颁布《关于分类推进事业单位改革的指导意见》，将现有事业单位按照社会功能划分为承担行政职能、从事生产经营活动和从事公益服务三个类别；且在改革后，只有从事公益服务的事业单位，即面向社会提供公益服务和为机关行使职能提供支持保障的事业单位可以继续保留在事业单位序列。根据职责任务、服务对象和资源配置方式等情况，将从事公益服务的事业单位细分为两类：公益一类事业单位，即承担义务教育、基础性科研、公共文化、公共卫生及基层的基本医疗服务等基本公益服务，不能或不宜由市场配置资源的事业单位。这类单位不得从事经营活动，其宗旨、业务范围和服务规范由国家确定。公益二类事业单位，即承担高等教育、非营利医疗等公益服务，可部分由市场配置资源的事业单位。同年3月发布的《分类推进事业单位工资改革实施指导意见》也将公益性质的事业单位细分为公益一类和公益二类。此项规定出台后，两类公益性事业单位全面推行岗位绩效工资制度，即由岗位工资和绩效工资两部分组成的工资制度。该文件逐步明确了公益性事业单位从分三类向分两类进行改革推进的思路，同时也将公共文化纳入"公益一类"的范畴。按照"公益一类"事业单位的职能和要求，公共文化事业单位以提供公共文化服务为基本职能。

2011年7月，为贯彻落实《中共中央国务院关于分类推进事业单位改革的指导意见》，国务院办公厅印发了九个改革配套文件，涉及行政职能、法人治理结构改革、分类制度改革、职业年金等内容。配套文件进一步明确了事业单位类别划分的基本原则和程序，对承担行政职能的事业单位如何改革，事业单位编制如何管理，如何建立完善法人治理结构，如何完善相关财政政策，如何加强国有资产管理，如何深化收入分配制度改革等内容进行了明确规定。此次事业单位分类改革的政策实施总目标是到2020年，建立起功能明确、运行高效、治理完善、监管有力的事业单位管理体制和运行机制，构建起政府主导、社会力量参与的公益服务新格局与新体系。

为积极响应国家关于事业单位分类改革的政策，各地纷纷展开实践，积极探索文化事业单位的分类改革。各地的改革着力于大力发展公益事业、科学划分事业单位类别、创新体制机制、完善法人治理结构等重点和难点内容。例如，2013年湖北省积极响应《中共中央国务院关于分类推进事业单位改革的指导意见》要求，结合湖北省实际，就推进事业单位分类改革工作采取多种途径，结合"完善过渡，平稳转制"的理念，将从事公益服务的事业单位细分为两类：承担义务教育、基础性科研、公共文化、公共卫生及基层的基本医疗服务等基本公益服务，不能或不宜由市场配置资源的事业单位，划入公益一类；承担高等教育、非营利医疗等公益服务，可部分由市场配置资源的事业单位，划入公益二类。一系列措施推动公益事业更好更快发展，不断满足人民群众日益增长的公益服务需求，促进全省科学发展、跨越式发展，推进文化领域改革。2013年11月，湖南省为贯彻落实《中共中央国务院关于分类推进事业单位改革的指导意见》等相关政策，相继出台《中共湖南省委湖南省人民政府关于分类推进事业单位改革的实施意见》《中共湖南省委办公厅湖南省人民政府办公厅关于进一步深化事业单位人事制度改革的实施意见》以及7个配套文件。根据文件规定，将纳入机构编制管理范围的事业单位划分为承担行政职能的事业单位，从事生产经营活动的事业单位，从事公益服务的事业单位三大类。并将行政类、经营类、公益一类、公益二类事业单位的社会功能特征予以细化，明确类别特征，逐一对照甄别归类。2015年，福建省委、省政府印发《关于福建省分类推进事业单位改革的实施意见》，除按照中央要求对事业单位进行分类改革外，还提出建立和完善事业单位法人治理结构，加强财政政策调控，促进基本公共服务包括公共文化服务体系逐步实现均等化等改革措施。

我国文化事业单位分类改革是一个逐步探索、曲折前进的过程。各地的改革实践有效响应了中央部署的事业单位分类改革要求，也在改革中进一步释放和提高了发展能力，有助于进一步满足人民群众的公共文化需求。但文化事业单位的分类改革是一项复杂的系统工程，仍有诸多的改革需要进一步推进和深化。在改革过程中，公益性文化事业机构不能依循事业体制的故道封闭于事业单位体系内，而应该建立开放性、外向型的发展模式，甚至采取市场化的相关手段或者策略。值得肯定的是，此次事业单位的改革实践从顶层设计入手，适应了当前全面深化改革的指导思想，标志着我国文化事业单位的改革和发展进入了一个新的历史阶段。

四、文化领域供给侧结构性改革

"十三五"时期，我国经济社会发展进入新常态。文化改革发展在新常态下面临着国际竞争加剧、文化与经济、科技融合加深、文化产业区域分化发展、文化事业深度改革的态势,以及传统文化行业边缘化、文化企业效率偏低、行业治理体系、文化消费和供给错位失衡等挑战。因应这些态势与挑战,文化领域的供给侧结构性改革不断推进。

(一)"文化领域供给侧改革"的基本内涵

随着我国经济逐步从高速发展过渡到中高速发展的"新常态",从供给侧入手推进结构性改革的理论和实践亦日益深入推进。自习近平总书记提出"供给侧结构性改革"以来,供给侧结构性改革逐渐成为各领域改革发展的重要切入点。2016年《中华人民共和国国民经济和社会发展第十三个五年规划纲要》将供给侧结构性改革上升到未来五年"发展主线"的高度,提出要"以提高质量和效益为中心,以供给侧结构性改革为主线,扩大有效供给,满足有效需求,加快形成引领经济发展新常态的体制机制和发展方式"。2017年党的"十九大"报告中也指出:"深化供给侧结构性改革,建设现代化经济体系,必须把发展经济的着力点放在实体经济上,把提高供给体系质量作为主攻方向,显著增强我国经济质量优势。"此后,2018年12月的中央经济工作会议认为:"我国经济运行主要矛盾仍然是供给侧结构性的,必须坚持以供给侧结构性改革为主线不动摇,更多采取改革的办法,更多运用市场化、法治化手段,在'巩固、增强、提升、畅通'八个字上下功夫。"这一系列国家政策要求将供给侧结构性改革推动成为各行业、各地区、各部门深化改革的主要着眼点。

文化领域供给侧改革是我国供给侧改革的重要组成部分,关系着我国文化领域建设和发展的成效,关系着国家文化软实力的建构,关系着社会主义文化强国建设目标的实现程度以及文化小康水平的高低。在文化领域推进供给侧改革具有重要的现实价值和意义。所谓文化领域供给侧改革,是指从提高文化领域的供给质量出发,以文化领域的制度供给、要素供给、产品供给为中心,改革创新供给主体、供给体制机制、供给内容和方式,使文化要素在政府和市场双重力量主导下优化配置、文化行业在融合发展中充满活力、文化创新在体制变革中蓬勃发展,不断扩大有效文化供给,提高文化领域的全要素生产率,更好地满足广大人民群众的文化需求,促进文化大发展大繁荣。

供给侧改革的策略着力在制度端、要素端和生产端,可归纳为"加、减、乘、除"[①]。加,即发展高质量、高内涵、高品位的文化产品和服务,增加有效供给;减,即压缩和减少低质量、低内涵、低品位的文化产品和服务,优胜劣汰部分低效率、边缘化的文化机构,解决中低端文化产品的过剩问题;乘,即鼓励文化创新,发挥创新的乘数效应,促进文化行业内制度、体制、政策、要素、传播、商业模式的创新;除,即破除行政性垄断、放松管制、减免税负,降低文化企业运行成本和市场交易成本,形成社会力量广泛参与文化建设的新局面。

不同于一般性行业,文化行业的供给侧改革具有以下特征:

第一,文化领域中,保证文化的公共产品属性和意识形态安全是供给侧改革的重要前置条件。文化行业除具有一般性行业的商品经济属性外,还兼具显著的公共产品属性和意识形态属性,这要求文化领域的供给侧改革必须将文化的公共属性和意识形态属性前置。

第二,与一般行业降低成本、提高效率的改革目标不同,文化领域供给侧改革必须贯彻提高"社会效益"的首位性原则。把社会效益放在首位、实现社会效益与经济效益相统一,是我国文化行业改革发展的根本宗旨,除了强调一般性行业的降成本、提效率外,文化领域的供给侧改革还须首要考虑社会效益问题。

---

① 车海刚:《"供给侧结构性改革"的逻辑》,载于《中国发展观察》2015年第11期。

第三，文化行业的供给侧改革，面临着不同于一般性行业的复杂的"众龙治水"的治理体系改革。当前文化行业主管部门的分置和管理权限的分割，形成了"众龙治水"的治理格局，这种格局是制约供给侧改革的重要掣肘。

第四，与一般性行业供给侧的竞争与垄断方式不同，文化领域的供给侧改革重在破除行政性垄断。一般行业大多属于竞争性行业或资源垄断性行业，而艺术广电、出版、报刊、电影等文化行业大多属于行政性垄断行业，行业的上游和主要环节被法律法规严格限制准入。因此，文化领域的供给侧改革重在破除行政性垄断，引入社会力量、社会资本参与文化供给。

（二）文化领域供给侧改革的基本原则和思路

1. 供给侧结构性改革的原则。

基于"十一五"以来文化改革发展趋势的基本判断和文化改革发展面临的主要挑战，新时代的文化改革发展应在深入贯彻五大发展理念的前提下，确立推进文化改革发展的基本原则。

一是提质增效原则。在经济步入中高速发展轨道，财政收入增幅趋缓的背景下，文化领域广泛存在的低效率以及部分行业领域出现的边际效益递减趋势迫使文化改革发展必须实现改革发展模式的转型。即从规模覆盖、全面发展的理念转变为提高发展质量、注重投入产出效率的理念，从政府主导下的单向度供给机制转变为供给—反馈的双向互动机制，从公共财政不计回报的无偿使用方式转变为注重财政资金使用效率的"考核—拨付"模式。

二是"双效并重"原则。不同于一般行业发展对效率的强调，文化改革发展还需注重对效益尤其是社会效益的强调，遵循"双效并重"原则。效率性强调财政资金的使用效率、文化监管和治理的管理效率；效益性原则要求单纯从产出效益的角度考核衡量文化供给所产生的社会经济效益和价值。

第五章 中国文化体制改革的全面深化阶段（2013年至今）

三是整体性治理原则。在新公共管理理念下，私营部门和企业强调竞争、效率导向、顾客导向的管理方法被引入公共部门，这在帮助提高文化部门管理效率的同时带来了"碎片化"的负效应。在行业结构复杂的文化领域，新公共管理手段在促进各行业快速发展、效率提升的同时也强化了行业间的壁垒和体制性的间隔。在推进文化治理体系建构和治理能力现代化的当下，必须克服碎片化的、条块分割的管理体制模式，通过权威性整合、合作性整合、竞争性整合的方式实施整体性治理[1]，促进文化领域大部制改革的实施。

四是"供需对位"原则。"供需对位"源于当前文化领域的"供需错位"问题，包含了因价格虚高、同质化产品众多、低质量产品充斥、优质产品短缺等原因造成的大量无效供给。"供需对位"要求充分摸清和开掘群众的基本型、发展型、享受型等多样化的文化需求，进行配备性的供给型生产和供给，提高供给的有效性。

2. 确立供需两侧协同发力的基本思路。

文化产品和服务的经济与社会的双重属性，决定了文化领域供给侧改革的目的不仅仅是简单的供给结构调整以实现供需平衡，而是要以提高"国民素质和社会文明程度"为目标，"为全体人民提供昂扬向上、多姿多彩、怡养情怀的精神食粮"。换言之，文化领域供给侧的改革，必须与创造、引导和满足人们日益增长的精神文化需求相结合。

实施供给侧的单边改革并不能完全解决和克服我国文化领域存在的体制性、结构性和趋势性难题，要解决这些难题，必须促进供给侧和需求侧的协同改革，打通两侧通道，基于需求侧的缺口和短板，深化供给侧的结构性改革，着力培养文化改革发展的

---

[1] 曾凡军、韦彬：《后公共治理理论：作为一种新趋向的整体性治理》，载于《天津行政学院学报》2010年第2期。

"新动能",提升改造"旧动能"。

在供给侧改革策略的基础上,要实现供需两侧协同发力,必须实现供需的有效对位和对接。一是要系统及时地反馈当前群众的各种文化需求及其需求总量,通过对需求内容和数量的科学分析,调整供给侧的生产和供给。二是要赋予群众文化消费的选择权,形成居民文化消费领域的"用脚投票"机制,引导公共文化机构和文化企业提供居民所需要的文化产品。三是要大力推进供给侧改革创新,尤其是要在新技术行业、互联网行业进行广泛的技术创新、商业模式创新,满足多样化、现代化的文化新需求。四是要打通文化事业和文化产业边界,建立统一的文化供给和消费政策激励体系。

(三) 文化领域供给侧结构性改革的实践进展

结合当前国家文化建设的主要任务,文化领域的供给侧结构性改革主要在公共文化服务体系建设和文化产业发展两个方面展开。公共文化服务领域主要通过建立文化需求征询反馈机制,鼓励社会力量参与公共文化服务建设,推动乡村文化振兴以及文化扶贫等方式来优化和调整公共文化产品和服务的供不对需、供需错位和供给低效等问题。文化产业发展则以产业结构转型升级,文化行业融合,扩大文化消费等方式来促进文化产品的提质增效和供需对接。

以文化扶贫助力边疆地区、民族地区、连片特困地区等地区的文化建设。近年来,随着我国经济水平的不断提高和文化建设的快速推进,大部分地区的文化建设都取得了显著成效和进展。但由于我国地域广袤、区域之间经济文化发展水平差距较大,部分地区在快速发展的过程中出现了相对的文化贫困。因此,在国家脱贫攻坚规划的总体指导下,文化领域为解决供需之间的结构性矛盾,实施了文化扶贫政策。2015年12月,文化部等七部委印发《"十三五"时期贫困地区公共文化服务体系建设规划纲要》，从完善设施网络、推动均衡发展、增强发展活力、提高服务效能、推进数字文化、加强队伍建设、加大文化帮扶、推动脱贫致富八个方面提出具体要求。2017年，文化部颁布《"十三五"时期文化扶贫工作实施方案》，提出要以革命老区、民族地区、边疆地区和集中连片特困地区为重点，通过加大政策和资金扶持力度，通过发挥文化在脱贫攻坚工作中"扶志""扶智"作用，推动贫困地区的文化建设快速发展，全面提升贫困地区的文化建设水平。文化部近年来积极推进贫困地区公共文化服务体系构建和基层综合性文化服务中心建设，大力实施送戏下乡工程及贫困地区村级文化活动设施设备购置项目，连续多年组织开展"春雨工程"——全国文化志愿者边疆行、"阳光工程"——中西部农村文化志愿服务行动计划等志愿服务活动，启动实施"中西部贫困地区公共数字文化服务提档升级"项目，并通过推动特色文化产业发展等措施有力推动了贫困地区的公共文化服务建设和文化产业发展。

探索实施公共文化需求征询反馈机制，解决公共文化服务的供需结构性矛盾。受中国传统文化事业发展体系的影响，我国的公共文化产品和服务供给主要采取政府主导、以供导需的模式，但在物质水平日益提高、文化生活日渐丰富的今天，这种供给体系已不能满足公众日益增长的美好文化生活需要。关注公众多样化、多层次和个性化的文化需求成为近年来公共文化建设的重要议题。2015年1月，中共中央办公厅、国务院办公厅印发《关于加快构建现代公共文化服务体系的意见》，明确要求建立群众文化需求反馈机制，及时准确地了解和掌握群众的文化需求，制定公共文化服务提供目录，开展"菜单式""订单式"服务。2016年12月通过的《公共文化服务保障法》也明确规定，公共文化服务的供给必须以满足群众的文化需求为目标，应当广泛征求公众意见，要建立反映公众文化需求的征询反馈制度和有公众参与的公共文化服务考核评价制度。尽管国家层面并没有出台专门的公共文化需求征询反馈机制建设的意见,但各地已纷纷开始进行相应的实践探索。例如,杭州市下城区2015年出台《建立公共文化服务群众需求征集和评价反馈机制的实施意见》,江阴市文广新局2015年出台《关于建立公共文化服务群众需求征集和评价反馈机制的通知》,东营市在2017年出台了《东营市公共文化服务群众需求征集和评价反馈机制建设实施方案》,等等。各地的普遍做法是,通过建设线上和线下的文化需求征集渠道,征集群众文化需求,根据需求建立相应反馈机制、供给调整机制和服务供给预告机制。从部分地区的实践进展看,文化需求征询反馈机制建设,极大地提高了供给和服务的精准性,有效满足了群众多样化的文化需求。

鼓励社会力量参与,形成公共文化服务体系供给的补充力量。在供给侧,我国公共文化产品和服务的供给从中华人民共和国成立以来就是以政府为主导,相关文化事业单位为供给主体,供给主体较为单一。随着文化事业体系向现代公共文化服务体系建设的不断推进,依靠政府单一主体提供公共文化产品和服务的局限性愈发显露,鼓励社会力量参与公共文化建设成为一个必然趋势。2015年,中共中央办公厅国务院办公厅《关于加快构建现代公共文化服务体系的意见》、国务院办公厅转发文化部等部门《关于做好政府向社会力量购买公共文化服务工作意见的通知》,具体提出了鼓励社会力量多方式多领域参与公共文化服务建设的政策要求。2016年发布的《公共文化服务保障法》在第2条对公共文化服务的定义中指出了公共文化服务的主体,即由政府主导、社会力量参与,同时又明确了国家鼓励和支持公民、法人和其他组织通过兴办实体、资助项目、赞助活动、提供设施、捐赠产品等方式,参与提供公共文化服务和参与文化志愿服务。在实践中,各地纷纷利用政策和资金扶持,鼓励社会力量参与公共文化建设。宁波、青岛、马鞍山等地相继引入市场化机制和社会化机制,纷纷组建公共文化有限责任公司、设立文化社团与培育民间文化组织,承接公共文化服务的生产与供给①。在我国积极推进现代公共文化服务体系构建和鼓励社会力量参与公共文化服务建设的背景下,各地积极开展实践探索,初步形成六种典型实践模式:以理事会为主吸引社会人士参与的管理决策式参与模式;政府购买式参与模式;合资参股式参与模式;自建共享式参与;资助捐赠式参与模式;志愿服务式参与模式。② 通过各地的积极实践,社会力量参与公共文化服务体系建设已经逐步兴起,参与的渠道和方式也日益多样化,参与的相关社会扶持政策措施和体制机制建设不断完善,逐步在供给侧形成了一股新的供给力量。

实施乡村文化振兴,弥补乡村文化供给的短板。农村文化建设落后于城市文化建设一直以来都是我国文化建设中存在的一个现实问题。党和国家向来十分关注农村文化建设,先后出台了多项政策加强农村文化基础设施建设、人才队伍建设和服务供给建设,以推进农村文化供给侧的优化和调整。2018年发布的《中共中央国务院关于实施乡村振兴战略的意见》对农村公共文化建设提出了新的战略要求。从近年来的农村文化建设实践看,各地通过大力实施农村文化惠民工程,加大公共文化设施建设力度,打造乡村群众文化特色品牌,发展农村特色文化产业,打造历史文化名镇名村等措施使农村文化建设取得了长足进步。

推动文化产业结构转型升级,提高文化产业效能。近年来,我国文化产业呈现出快速发展态势,但在资源使用效益、文化创新活力、文化企业竞争力等方面存在不足,文化需求不能有效满足,从而抑制了文化产业综合效益的发挥。在全面深化改革的大背景下,以"转型升级""提质增效"为目标的供给侧结构性改

---

① 李山:《政府购买公共文化服务的现实困境与改革路径》,载于《湘潭大学学报》(哲学社会科学版)2014年第5期。
② 陈庚、崔宛:《社会力量参与公共文化服务的实践、困境及因应策略》,载于《学习与实践》2017年第11期。

革是我国文化产业发展的内在要求。一方面，国家明确在《中共中央关于制定国民经济和社会发展第十三个五年规划的建议》中提出"推动文化产业结构优化升级"的新要求，文化产业发展需要注重质量提升，坚持质量与效益并重。另一方面，大力推进文化与相关行业的融合发展，包括力推文化与金融的融合、文化与科技的融合等。如制定出台《关于深入推进文化金融合作的意见》（2014），实施"文化金融扶持计划"，引导金融资本投向文化产业。在《关于推进文化创意和设计服务与相关产业融合发展的若干意见》（2014）中，明确了扩大文化产业发展专项资金规模，对符合条件的文化创意和设计服务企业实行减免所得税、增值税的激励措施。通过一系列举措，文化产业的产业结构得到一定程度的优化，供给效率和效能得到有效提高，文化产业与相关产业的融合发展得到有力推动。

扩大文化消费，以文化消费倒逼供给侧结构性改革。文化消费总量不高，消费动力不足，消费层次不高等问题，一直以来都是制约我国文化改革发展的重要原因。近年来，通过扩大文化消费倒逼文化领域供给侧结构性改革逐渐成为我国深化文化体制改革的一个重要方式。2016年4月，原文化部和财政部印发《关于开展引导城乡居民扩大文化消费试点工作的通知》，在全国范围内开展引导城乡居民扩大文化消费试点工作。2016年11月又发布《关于进一步扩大旅游文化体育健康养老教育培训等领域消费的意见》，要求围绕旅游、文化、体育培训等重点领域，引导社会资本加大投入力度，通过提升服务品质、增加服务供给，不断释放潜在消费需求。此后，在《国家"十三五"时期文化发展改革规划纲要》（2017）和《完善促进消费体制机制实施方案（2018~2020年）》（2018）等规划中都明确提出扩大文化消费的相关举措。从近年来我国扩大文化消费的相关实践来看，以文化消费试点工作为契机，各地扩大居民文化消费的工作均取得了重要进展。2016年6月，在全国文化产业工作会议上，确立了第一批第一次 26 个试点城市名单,随后在 2017 年年初,又有 19 个城市被列入第一批第二次国家文化消费试点城市名单,总计共有 45 个城市列入了国家文化消费试点城市。试点实施以来,各个城市因地施策,围绕提高文化产品和服务的有效供给、推进文化消费的惠民便民措施、促进文化与其他行业融合发展等方面积极开展试点工作,取得了明显成效。

第六章

中国文化体制改革的经验总结与趋势展望

　　文化建设是国家"五位一体"总体布局的重要组成部分。文化体制改革作为文化繁荣发展的根本动力,一直以来都备受关注。在整个中国文化体制生发、定型、演进以及改革变迁的过程中,文化体制改革的战略地位得到明显提升,改革力量不断凝聚,多种改革策略和技术性方案得到有益尝试,支撑了我国文化产业发展、公共文化服务体系建设、文化遗产保护、文化交流等文化行业领域的繁荣发展。改革是促进文化繁荣发展的根本动力,但同时改革不到位也制约着社会主义文化强国建设的步伐。总结过去四十多年来的文化体制改革进程可以发现,我们在文化体制改革中取得了不俗成绩,积累了诸多宝贵经验教训,同时我们的改革仍然在路上,改革仍需攻坚克难、砥砺前行。

一、四十年来文化体制改革的基本判断

　　改革开放四十多年来,文化体制改革推动了我国文化领域的快速发展,形成了不同于传统事业体系时期的文化发展新局面,但改革仍面临着诸多难题亟待破解。

第六章　中国文化体制改革的经验总结与趋势展望

(一) 法律制度体系不断完善

随着文化体制改革的不断推进和文化领域的快速发展，在文化领域建立法律制度保障的需求愈发明确。21世纪以来，我国出台了多部文化法律，也有多部法律纳入了立法计划，这有效补强了改革开放初期我国文化领域仅有《文物法》和《知识产权法》的弱项。

文化行业法律法规的缺失及不完善是制约我国文化改革发展的重要瓶颈，关于加强文化立法、完善文化法律法规的建议一直贯穿于整个体制改革过程。2013年时，我国立法总数约38 000多件，其中文化立法的数量约1 024件，约占整个立法的2.7%。从不同领域的法律构成比例看，经济、政治、文化、社会和生态环境五大管理领域中，全部现行法中所占比例分别为：31.5%、52.1%、1.68%、7.56%、7.56%。① 尽管这几年有所变化，这种比例结构并没有大的变动。同时，我国文化法律法规中存在着文化政策法规多、文化法律少、立法理念错位、立法盲点较多、立法滞后、立法层位较低、立法质量和技术不高、与国际接轨不够等问题。② 在文化立法方面的主要问题是：一是立法数量少，二是立法层级低，三是立法质量不高。③ 为此，文化立法和法律法规建设已成为我国文化改革发展的一个重要内容。尤其是党的十七大以来，文化的繁荣发展和依法治国战略不断深入人心，我国的文化法治建设受到前所未有的重视。截止到2016年，与文化工作密切相关的地方性法规有154部，地方政府规章有138

---

① 章可：《我国文化立法的路径探究》，载于《学习与实践》2013年第8期。
② 邹兵：《大力加强文化产业的立法保护》，载于《光明日报》2012年1月2日第3版。
③ 王晓晖：《建立健全文化法律制度》，载于《光明日报》2014年11月4日第1版。

部，地方规范性文件达1.3万余件。① 尤其是《非物质文化遗产保护法》《公共文化服务保障法》《电影产业促进法》《公共图书馆法》等几部重要的行业法律的出台，以及正在起草的《文化产业促进法》等法律，标志着我国文化立法进程正在不断取得突破性进展。

（二）政策环境日益优化

在推动文化体制改革的过程中，相关政策环境的支持至关重要。改革开放以来，文化体制改革的进程与相关政策环境的变迁具有同步性。良好的政策环境和政策保障力度为文化体制改革的持续推进提供了重要动能。

在文化立法进程相对滞缓的情况下，我国文化体制改革的推进主要依托于大量的行业法规、规章和规范性文件形塑的政策环境。改革开放以来，在我国文化领域替代法律起到制度规范作用的是大量的法规、规章和规范性文件以及地方性政策法规。行政法规是国务院根据宪法和法律，执行规定和履行行政管理职权的事项而制定的规范性法律文件，立法依据是行业属性，如《营业性演出管理条例》《出版管理条例》《广播电视管理条例》等。部门规章是国家行政机关依法制定的有关行政管理的规范性文件，在文化领域是指由文化部、新闻出版总署、国家广电总局等部委发布的行业管理规范文件，如《网络游戏管理暂行办法》等。规范性文件是当前促进文化行业发展的最主要的政策依据，如《关于推动我国动漫产业发展的若干意见》等。在中央部委的带动下，地方政府也出台了大量有关文化体制改革的政策文件，成为推动地方文化体制改革的制度力量。

在一般性政策外，相关财政税收政策是推进文化体制改革的

---

① 《我国现有多少"管文化"的法律法规》，中国政府网，2016年5月19日，http://www.gov.cn/xinwen/2015-05/19/content_2864747.htm。

重要力量。从 1990 年代开始，部分宣传文化单位就开始享受相应的税收优惠政策。2003 年文化体制试点改革开始，相关税收优惠和减免政策覆盖面更大、力度更强，在推动文化体制改革中作用巨大。2005 年，财政部、海关总署、国家税务总局发布的《关于文化体制改革中经营性文化事业单位转制后企业的若干税收政策问题的通知》和《关于文化体制改革试点中支持文化产业发展若干税收政策问题的通知》，以财税政策的方式专门支持文化体制改革。2008 年，国务院办公厅又出台《关于印发文化体制改革中经营性文化事业单位转制为企业和支持文化企业发展两个规定的通知》。2014 年，财政部、国家税务总局、中宣部出台《关于继续实施文化体制改革中经营性文化事业单位转制为企业若干税收政策的通知》。2018 年和 2019 年，政策再次得到延续，出台《国务院办公厅关于印发文化体制改革中经营性文化事业单位转制为企业和进一步支持文化企业发展两个规定的通知》和《关于继续实施文化体制改革中经营性文化事业单位转制为企业若干税收政策的通知》。财税政策的延续，为继续深化文化体制改革提供了强有力的支撑和保障。

（三）政府职能关系有效调整

文化体制改革的一个核心就是体制内各主体间体制机制的调整与创新。自改革开放初期启动改革以来，围绕着政府与文化机构、政府与市场（社会）关系的调整脉络，我国文化体制主体间的内在结构关系得到了大幅优化。

从政府与文化机构之间的关系看，逐步从"父爱型"的紧密关系向政企分开、政事分开实现了有效调整。在计划体制下，政府实行的是一种集权模式，"集权模式具有能够强制地动员资源、允许迅速行动、具有高度选择能力的优点"。[①] 政府几乎掌

---

① 吴敬琏：《当代中国经济改革》，上海远东出版社 2004 年版，第 21 页。

握全部社会资源,对文化单位和文化机构具有绝对的控制和支配力,政府承诺对文化单位给予物质、资金、人员、信息及技术的供给,文化单位则必须应诺政治上绝对忠诚、下级服从上级。改革开放后,中国社会经济基础结构逐步发生结构性改变,政府与文化主体之间"父爱型"关系的社会制度基础逐步被消解。政府实行"约束保护"所依赖的户籍制度、生产分类管理制度、社会保障制度、干部人事制度、劳动分配制度和产权制度安排均发生了重大变化,推动政府与文化主体的关系由"父爱"型向相对独立型发展,基本实现了政企分开、政事分开。在政企关系上,随着经营性文化事业单位转制为文化企业,我国涌现出了一大批文化产业集团和文化企业,包括动漫、新闻出版、广播电视、互联网等企业,这些企业基本确立了独立的市场主体地位,能够有效参与市场竞争,成为推动我国文化产业发展的领头羊和主力军。在政事关系上,政府与公共文化机构之间的紧密依附关系得到松绑,得益于国家政策的扶持和政府购买机制的不断推进,公共文化机构开始以公共文化服务的提供为基本旨归,进行独立的服务提供。

同时,在政府与市场、社会的关系间,政府让渡出管制空间,使市场和社会力量不断进入,形成了新的发展力量。在传统的计划体制下,作为"社会"代表的中介组织,要么依附于政府之下,如各种戏剧家协会、文艺家协会之类,要么被排斥在社会结构之外,无法在"政府—单位"之间找到立足之地。真正意义上的"市场"在传统的计划体制下几乎没有生存的空间。随着改革的不断推进,体制外的经济增量促进了社会力量和市场力量的发育和发展,市场机制配置文化资源的作用也得到不断发挥。

(四) 改革面临攻坚克难的艰巨任务

在新时代,我国社会主要矛盾已经转化为人民日益增长的美好生活需要和不平衡不充分的发展之间的矛盾。人民日益增长的美好生活需要与文化领域的发展高度相关，但当前我国的文化改革发展仍然面临着诸多难题。一方面，国家层面建设社会主义文化强国战略的目标的实现，需要文化体制改革作为解放和发展文化生产力的最根本支撑；另一方面，在我国推进供给侧改革过程中，文化领域供给侧的供不对需、供需错位等问题较为严重，需要在文化体制改革的过程中予以破题。

在全面深化改革的背景下，继续深化文化体制改革仍面临着不少"难啃的硬骨头"，改革需要勇涉深水区。具体而言，当下文化体制改革仍然面临的艰巨任务包括：一是要正确处理党委、政府、市场、社会之间的关系。改革需要进一步明确各个主体的职能、责任，逐步建立健全党委领导、政府管理、行业自律、社会监督、企事业单位依法运营的文化体制机制。二是要加大文化领域供给侧的改革力度。改革需要从要素端、制度端、生产端进行优化创新，增强文化产品和服务供给的有效性，提高公众文化获得感和幸福感。三是要深化文化事业单位改革。文化事业单位是提供公共文化服务的基本阵地，但我国文化事业单位仍存在着财政依赖性强、服务水平不佳、主动性不强等问题。在新时代，文化事业单位的改革需要向法人治理结构建立，社会力量参与等方面进行深化。四是改革面临着建立健全有文化特色的现代企业制度的任务。经营性文化机构转企改制后，成为文化产业发展的重要力量，但仍存在对体制内资源依赖性强，自主经营能力弱，现代企业制度不健全等问题。下一步的改革面临着加快国有文化企业公司制股份制改造，科学设置内部组织结构，强化经营管理，以及建立完善社会效益和经济效益综合考核评价指标体系，理顺主管主办单位与出资人机构的关系等重要任务。

二、四十年来中国文化体制改革的基本经验

改革开放四十多年来,中国文化体制改革逐步从自发探索转变为自觉行为,尽管改革作为一个长期的过程并未结束,但回顾四十多年来的改革进程,仍然不乏诸多有益的改革经验。

(一) 尊重文化发展规律,解放和发展文化生产力

文化体制改革的进程就是一个不断解放和发展文化生产力的过程。这个过程源于对文化发展规律认识的纠正和深化。在计划体制时期,我国将文化领域纳入了国家化的轨道,即由国家来统一管理、统一保障文化的发展,形成了管办不分、政事不分、政企不分的文化管理体制。这种体制安排忽略了文化发展的本体规律,过于强调其在宣传和意识形态领域的工具价值,因此在运行数十年后陷入了重重困难。改革开放以来的文化体制改革过程实际上就是不断纠正和深化认识文化发展规律的过程。重新认识了文化的经济属性、社会属性、政治属性等属性间关系,形成了分类改革、分类发展的思路,整体性的计划体制下的文化事业体系也裂分为公共文化、文化产业、文化遗产、文化交流等多个领域。这种改革和发展实践正是对文化发展规律的复归。改革开放以来文化发展取得的成效也证明,这种尊重文化发展规律,不断解放和发展文化生产力的改革过程,是一条正确的道路,也将是今后深化文化体制改革的一条根本经验。

(二) 充分发挥中央和地方两种改革力量的作用,积极鼓励地方改革探索

在 2005 年全面启动文化体制改革以前,文化体制改革主要是源于财政困难引发的机构和部门层面的自主探索,取得的成效

第六章 中国文化体制改革的经验总结与趋势展望

主要是产生了体制外增量,动力机制来源于部门及文化机构内部,发生于远离意识形态的、最边缘的区域,形成了边缘突破、以经营方式变革来驱动的特点①;2005年以后,中央层面牵头启动了自上而下的"强制性制度变迁"②,制定了明确的阶段性路线图、时间表、任务书,改革的主要动力从"第二行动集团"位移至"第一行动集团",动力主要来源于中央政府层面③,改革动力路径进入"由外而内、自上而下"的第二阶段。无论是"自上而下"的阶段还是"自下而上"的阶段,中央的宏观指导和战略规划,地方的积极探索和反馈,以及中央与地方之间的联动、补充和呼应,构成了推动改革的两种主要力量。这也是我国文化体制改革的一条基本经验。

地方探索是文化体制改革的基础和有效试验。我国文化体制改革经历了一个从地方到中央的"自下而上"的改革变迁过程。在改革开放初期,在国家宏观政策框架下,地方层面针对文化领域面临的种种体制困难积极进行改革探索,仅以承包责任制为主就在各地探索出了多种模式。随后,各地展开了以文补文、多业助文、企业化管理、市场化管理等改革举措,有效地探索了体制改革的经验。2003年,文化体制改革试点在部分地区和部分文化机构推行,正是在地方试点的基础上,形成了中央2005年推行"自上而下"的改革实践基础、理念认同基础。近年来的深化文化体制改革实践中,部分地区在法人治理结构改革、现代企业制度改革等方面的探索,都体现了地方积极性的重要价值。与此同时,中央层面对文化体制改革的政策支持、资金扶持构成了推进改革的重要力量,无论是全国性的文化改革举措

---

① 潘忠党:《新闻改革与新闻体制的改造》,载于《新闻与传播研究》1997年第3期。

② 竺乾威:《文化体制改革的新制度经济学分析》,载于《江苏行政学院学报》2012年第5期。

③ 傅才武、陈庚:《三十年来的中国文化体制改革进程:一个宏观分析框架》,载于《福建论坛(人文社科版)》2009年第2期。

还是地方性或区域性的改革实践,都离不开中央层面的大力支持和中央地方的有效配合。因此,在继续深化改革的过程中,必须要继续发挥中央和地方两种改革力量的作用,使其相得益彰、相互促进。

(三) 坚持文化产业和文化事业双轮驱动和协调发展

中国文化体制改革进程中的最重要转折点在于将计划体制下的传统文化事业进行分途发展,即推动经营性文化事业单位转企改制,明确文化事业和文化产业的不同属性,建立分类发展的路径。2002年,党的十六大报告确立的"积极发展文化事业和文化产业"的战略部署,第一次明确地将文化产业与文化事业并提,成为当时中国特色社会主义文化建设中最重要的制度性安排。对文化事业的定位和战略举措是:"国家支持和保障文化公益事业,并鼓励它们增强自身发展活力。"对文化产业定位为"市场经济条件下繁荣社会主义文化、满足人民群众精神文化需求的重要途径"。此后,文化事业和文化产业沿着各自的发展轨道分别推进,形成了中国文化体制改革的双轮驱动模式。在文化产业快速发展的过程中,市场配置资源的能力不断增强,市场力量不断推进文化企业的改革发展,使文化产业逐步上升为推动国民经济转型的重要结构性力量。在文化事业领域,政府进一步加大了政策扶持和资金保障力度,积极推进基础文化设施建设、公共文化产品和服务供给,大力推进文化走出去和文化交流,积极推动文化遗产和非遗的保护利用。分途发展模式推动了文化事业和文化产业从初级阶段逐步发展壮大,成为国家"五位一体"战略中的重要组成部分。值得指出的是,文化事业和文化产业的分途发展并不是割裂二者的关系,而是必须统筹二者协调发展。这是因为文化事业与文化产业密不可分,文化事业的繁荣稳定有助于文化产业资源的利用和产业价值的开发,文化产业的经济效益外溢价值能够反哺文化事业的建设和保障水平。任何一方的偏废都难以实现文化的大发展大繁荣,难以有效解放和发展文化生产力。因此,文化事业和文化产业必须双轮驱动、协调发展。

21世纪以来文化事业和文化产业分途发展、双轮驱动的现实经验证明,正是有效区分了事业和产业,在二者协调发展的情况下,才有了当下中国文化产业的快速发展、现代公共文化服务体系建设的不俗成效、国家文化遗产保护和传承事业的有效推进,以及文化走出去的积极效应,国家文化软实力和文化影响力得以大幅提升。

(四) 要从现代化建设总体布局来进行文化体制改革

纵观四十多年来的文化体制改革进程可以发现,随着文化行业和领域的战略地位和价值意义的不断提升,文化体制改革已经从行业部门行为逐步上升为国家战略高度,并通过在国家现代化建设总体布局中的精准定位,发挥着愈发重要的作用。自党的十八大明确提出经济建设、政治建设、文化建设、社会建设、生态文明建设五位一体社会主义事业总体布局以来,文化建设及其背后的根本动力——文化体制改革也就被纳入了国家最高战略布局之中。与这种定位相对应的是,文化体制改革得到进一步深化,不断推进文化的大发展大繁荣,并逐步与经济体制改革、政治体制改革、社会管理体制改革一起成为中国特色社会主义"五位一体"总体布局的根本性动力,"成为中国特色社会主义事业发展的历史进程和必由之路"①。同时,相较于经济、社会、政治与生态,文化具有意识形态属性,因而文化体制改革在"五位一体"的全面改革中具有前置性的基础地位,其改革的成败不仅事关文化体制自身的改革,还会对整个国家的全面深化改革造成重

---

① 韩强:《论深化党的建设制度改革》,载于《理论学刊》2014年第1期。

大影响，甚至可能危及中国特色社会主义制度①。正是基于长期以来对文化体制改革实践经验的不断总结和认识，才明确了当下和今后文化体制改革的一条基本经验——必须正确认识文化体制改革在国家总体改革发展战略中的定位和价值。只有遵循这一经验，才能协同推进中国特色社会主义建设，才能实现中华民族的伟大复兴。

三、中国文化体制改革的展望

党的十八大和十八届三中全会均对深化文化体制改革作出了专门部署。2014年中央全面深化改革领导小组第二次会议审议通过了《深化文化体制改革实施方案》，党的十九大也对此继续进行了强调。党和国家的宏观部署和政策举措为改革提供了持续的动能，但当下深化文化体制改革遭遇了多重阻力，面临着各种错综复杂的矛盾和短期内难于突破的困局。当前改革的困境为：文化体制改革宏观上受制于经济体制、政治体制和行政体制改革的进展，中观层面牵制于文化市场体系完善和社会力量成长的影响，微观层面面临着内部治理结构和治理机制的困顿。与文化体制改革进入全面深化阶段的艰难求索实践相随的是，文化体制改革的理论创新与技术方案创制似乎也遭遇了难以逾越的瓶颈，改革实践有滑向"内卷化"的倾向。

（一）继续完善改革的政策制度环境

当前尽管已有《文物保护法》《非物质文化遗产保护法》《著作权法》《电影产业促进法》《公共文化服务保障法》等文化

---

① 伍洪杏：《全面深化改革背景下政府文化职能转变》，载于《理论月刊》2016年第1期。

法律出台,也有大量政策法规保障行业发展,但我国的文化法律和政策制度体系整体上还不尽完备,有待进一步完善。

在文化法律方面,文化产业促进法、演出法、出版法、新闻法、博物馆法等行业法律有待尽快出台。同时,也要加快健全地方性文化法律法规,在中央出台的文化法规的基础上,各地应依据自身经济、文化发展水平、文化资源禀赋等因素,制定行之有效的地方文化法规。在政策保障层面,财政政策、税收政策、投融资政策等重点政策领域必须进一步优化。需要尽快完善公益性文化事业的财政保障政策,将一些临时性的保障政策常态化、制度化,加大对重点领域的保障力度。对经营性文化产业要加大财政税收扶持力度,促进文化产业主体的快速成长,完善基金资助办法,建立传统资助体系外的间接资助体系。税收方面要对文化事业和产业的税收实施差别化税率或减免税政策,加大对文化发展的扶持。要尽快完善金融支持文化改革发展的政策体系,促进文化与金融的融合发展。要鼓励引导社会资本和民间力量参与文化改革发展,拓宽社会资本投资的范围和领域,通过税收优惠、财政资金配比等方式鼓励社会捐赠和赞助。

(二)建立与大文化生态环境相配备的文化管理体制

上一轮的全面性文化体制改革,初步建立了一套适应社会主义市场经济体制的国家文化管理体制。尽管这套文化管理体制相较之前以计划体制为基础的事业管理模式有了突破性的创新,但仍存在着部分性"路径依赖"遗存的弊端和与新时代文化发展不相适应的滞后性缺陷。在新的历史阶段,"完善文化管理体制"仍然是近年来国家文化战略部署的一个重要议题。党的十八大报告、十八届三中全会报告、《国家"十三五"时期文化发展改革规划纲要》、十九大报告均提出"要深化文化体制改革,完善文化管理体制"的政策要求。2017年党的十九大报告作出了"中国特色社会主义进入了新时代、我国社会主要矛盾已经转化为人民日益增长的美好生活需要和不平衡不充分的发展之间的矛盾"的重大判断。新时代中国特色社会主义文化的不断发展，使我国初步形成了不同于以往的文化生态环境，国家文化管理体制面临着不同于以往的管理对象、管理内容和管理边界，与之相适应的管理体制、管理结构和管理方式也应与时俱进、不断完善。

不同于以往的文化环境，新时代正在形成一种大文化生态环境。这种大文化生态环境的形成，一方面源于文化领域各行业的快速发展，在各行业基本补足了"短板"，达到一个较高阶段或水平时，各行业之间的关联性和互动性明显增强，具有了融合发展和统筹发展的内在诉求；另一方面，现代信息技术、网络技术的发展逐步改变了原来基于"专业分工—行业分类"的行业领域的技术基础，在网络信息技术的包容性和平台效应下，传统文化行业之间的壁垒逐渐被模糊、消减或发生位移，逐步形成一个大文化行业生态。在大文化行业生态下，与之配备的文化管理体制必须要建立一个大文化管理体系，要因应文化事业与文化产业"两张皮"、信息技术所引发的行业边界瓦解和行业融合趋势、文化企事业单位内部管理和运行机制不优、居民对美好文化生活的新期待等因素，结合外部的政治经济环境，行业发展的技术基础环境，管理体制内部的要素与结构生态等，完善与之适应的管理体制内生系统，包括完善党政之间、央地之间的管理关系，在整体性治理理念下进行大文化部门体制改革，协同基于"业务"管理的大部制和"资产"管理的国有文化资产管理之间的关系。

（三）推进文化管理范式向文化治理范式转向

自党的十八届三中全会正式提出"完善和发展中国特色社会主义制度，推进国家治理体系和治理能力现代化"的全面深化改革的总目标以来，国家治理体系建设和治理能力的现代化就逐渐成为各领域改革的主要目标指向。在文化领域，国家文化治理体系和治理能力的现代化的目标尚未实现。

对我国而言，借鉴西方较为成熟的治理理论体系和方法论来建构中国文化治理理论体系并不困难，难就难在将其实际运用于中国文化治理实践时，如何平衡意识形态和文化安全"红线"、化解既得利益集团的阻碍和促进政府之外治理主体的自我建构。在中国文化领域，意识形态和文化安全"红线"往往对诸多文化决策和文化管理方式具有一票否决权，这让传统的管理主体"政府"很难让渡出相应的治理空间。同时，治理框架下社会组织和公众的引入、社会评价约束机制的建立，将使原有的利益收益变得不确定，构成了既得利益集团对改革的阻碍。即便是在前述两种障碍得以摒除的情况下，建构中国文化治理体系和提升文化治理能力还面临着多元治理主体自身发育不足、功能不强、作用有限的制约。

近年来，文化领域中取消和减少文化职能部门的行政审批权，鼓励社会力量参与公共文化建设，加强公共文化需求征询反馈及评价机制建设，建立法人治理结构等改革探索都是文化治理改革的诸多尝试。但不可否认，文化管理模式向文化治理模式的转向仍是一个漫长的过程，仍有许多困难需要克服。对当前的文化体制改革而言，运用治理理论进行文化体制改革，重点是要建立文化治理模式。主要任务是推动管制型政府向服务型政府转变，不断提升政府的文化治理能力，充分发挥政府作为"元治理"的角色作用，承担起整个治理体系中的掌舵作用。同时，实现从政府单一管理向多元治理的转变，包括市场主体、社会团体、行业协会、媒体机构，以及社会公众等。

（四）向更深层次的产权改革深入

在当前文化体制改革与文化产业发展不断推进的过程中，文化企业的改革已经从转企改制过渡到了建立现代企业制度的层面。在这一阶段，文化企业的体制改革除了要进行经营管理制度层面的改革创新外，更重要的是要进行更深层次的产权改革。关于产权改革问题，现实的产权改革并没有出现部分学者所焦虑的社会资本的进入会威胁国有资本主导地位的情况，反而依旧停留于转企改制初期国有资本完全主导或者一股独大的所有制结构状态，国有文化企业活力不足。因此，深入进行产权改革是下一阶段文化企业改革的重点方向。文化企业的产权改革比经济领域的产权改革难度更大，这是因为文化企业除了经济属性外还涉及公益属性、意识形态属性等内容，以社会效益为首位、实现社会效益与经济效益相统一是其根本目标，因此，文化企业的产权改革还涉及意识形态、文化安全等内容。当前文化企业的产权改革，在保障国有经济控股的情况下，应该坚持市场在资源配置中的决定性作用，按照产权交易的市场机制进行改革，引导和鼓励更多社会资本参与文化企业的改革发展。

参考文献

1. 中华人民共和国文化部办公厅：《文化工作文件资料汇编（三）》，文化艺术出版社1988年版。

2. ［美］塞缪尔·P. 亨廷顿，王冠华等译：《变化社会中的政治秩序》，三联书店1989年版。

3. 《毛泽东选集》第3卷，人民出版社1991年版。

4. 中国社会科学院新闻研究所：《中国新闻年鉴（1992）》，中国社会科学出版社1992年版。

5. 张晋藩：《中华人民共和国国史大辞典》，1992年版。

6. 康式昭：《中国体制改革全书·文化体制改革卷》，大连出版社1992年版。

7. 中国社会科学院新闻研究所：《中国新闻年鉴（1992）》，中国社会科学出版社1992年版。

8. 王文章：《艺术体制改革与管理初探》，华夏出版社1993年版。

9. 中国戏曲志编辑委员会编：《中国戏曲志·湖北卷》，文化艺术出版社1993年版。

10. 李素亭：《中国第三产业年鉴（1993）》，中国统计出版社1993年版。

11. 张庚：《当代中国戏曲》，当代中国出版社1994年版。

12. ［美］道格拉斯·诺斯：《制度、制度变迁与经济绩效》，上海三联书店1994年版。

13. 武汉地方志编纂委员会主编：《武汉市志·文化志》，武汉出版社1998年版。

14. 曲润海、郑琅:《改革开放中的文化艺术》,人民出版社2000年版。

15. 李路路、李汉林:《中国的单位组织——资源、权力与交换》,浙江人民出版社2000年版。

16. [德]柯武刚、史漫飞:《制度经济学:社会秩序与公共政策》,商务印书馆2000年版。

17. 尹继佐:《2000年上海文化发展蓝皮书》,上海社会科学院出版社2000年版。

18. 江泽民:《论"三个代表"》,中央文献出版社2001年版。

19. 张金海:《广告学概论》,中央电大出版社2001年版。

20. 蒋昌忠、宋丹娜:《转型期艺术表演团体改革模式研究》,湖北人民出版社2002年版。

21. 江蓝生、谢绳武:《2001~2002年:中国文化产业发展报告》,社会科学文献出版社2002年版。

22. 方汉奇:《中国新闻传播史》,中国人民大学出版社2002年版。

23. 马克斯·霍克海默、西奥多·阿道尔诺:《启蒙辩证法》,渠敬东、曹卫东译,上海人民出版社2003年版。

24. 祈述裕:《中国文化产业国际竞争力报告》,社会科学文献出版社2004年版。

25. 沈芸:《中国电影产业史》,中国电影出版社2005年版。

26. 耿蕊:《中国民营影视发展研究》,湖南大学出版社2007年版。

27. 门洪华主编:《中国:软实力方略》,浙江人民出版社2007年版。

28. 蒋泓峰:《均衡管理》,中国华侨出版社2007年版。

29. 沈壮海主编:《软文化 真实力——为什么要提高国家文化软实力》,人民出版社2008年版。

30. 李来柱：《李来柱上将回忆录》，中央文献出版社 2008 年版。

31. 邱君玉：《现代连续出版物管理与利用》，内蒙古人民出版社 2008 年版。

32. 傅才武、宋丹娜：《文化市场演进与文化产业发展——当代中国文化产业发展的理论与实践研究》，湖北人民出版社 2008 年版。

33. 何沁：《中华人民共和国史》，高等教育出版社 2009 年版。

34. 韩永进：《中国文化体制改革 32 年历史叙事与理论反思》，人民出版社 2010 年版。

35. 倪鹤琴：《新时期中国文化体制改革探寻》，浙江人民出版社 2011 年版。

36. 王列生：《文化制度创新论稿》，中国电影出版社 2011 年版。

37. 刘世锦：《中国文化遗产事业发展报告（2012）》，社会科学文献出版社 2012 年版。

38. 中国传媒大学编：《中国现代传媒的发展》，北京语言大学出版社 2013 年版。

39. 李长春：《文化强国之路：文化体制改革的探索与实践（上下）》，人民出版社 2013 年版。

40. 李勇军、周惠萍：《公共政策》，浙江大学出版社 2013 年版。

41. 陈庚：《艺术表演团体改革与发展的路径研究》，湖北人民出版社 2013 年版。

42. 李默：《话说中华文明：共产党抗日救国》，广东旅游出版社 2013 年版。

43. 傅才武、陈庚：《艺术表演团体管理学》，湖北人民出版社 2013 年版。

44. 凌金铸等：《中国文化体制改革：理论与实践》，上海交通大学出版社 2014 年版。

45. 胡惠林等：《文化政策与治理》，上海人民出版社 2015 年版。

46. 张树军：《图文中国共产党抗战纪事·上（1931~1940）》，河北人民出版社 2015 年版。

47. 蒯大申、饶先来：《新中国文化管理体制研究》，上海人民出版社 2015 年版。

48. 杨立青：《上下联动与制度变迁：中国文化管理体制创新研究》，广西师范大学出版社 2015 年版。

49. 傅才武：《近代中国国家文化体制的起源、演进与定型》，中国社会科学出版社 2016 年版。

50. 谢大京：《艺术管理》，法律出版社 2016 年版。

51. 洪明星：《当代中国文化体制改革逻辑研究》，高等教育出版社 2016 年版。

52. 蔡武：《筑牢文化自信之基——中国文化体制改革 40 年》，广东经济出版社有限公司 2017 年版。

53. 李媛媛：《深化文化体制改革问题研究》，人民出版社 2017 年版。

54. ［美］B. 盖伊·彼得斯，吴爱明、夏宏图译：《政府未来的治理模式》，中国人民大学出版社 2017 年版。

后记

文化体制改革是繁荣发展社会主义文化、建设社会主义文化强国的根本动力。文化体制改革的每一次创新和突破，都直接或间接地推动了文化的繁荣发展。我国文化体制生发于中华人民共和国成立前的民国文化体制和苏区根据地模式，在中华人民共和国成立初期得以确定和定型，并自 1978 年改革开放开始，正式启动改革历程。在文化体制改革的初期，在经济体制改革的牵动下，进行了承包经营、以文补文、双轨制等"试错性"改革探索，促进了中国文化市场的萌芽和兴起。进入 20 世纪 90 年代，在社会主义市场经济体制改革目标确立后，改革向市场化的方向演进，促进了文化产业的兴起。进入 21 世纪，在文化体制改革的推动下，确立了文化产业与文化事业分途发展的路径。尤其是文化体制改革的全面启动，推动了我国大量经营性文化单位转制为企业，促进了我国文化产业的快速发展，也推动大部分传统文化事业机构转轨为公共文化服务主体。2013 年，党的十八届三中全会在总结上一阶段改革和发展经验的基础上，提出我国进入全面深化文化体制改革阶段的新判断，我国文化体制改革进入改革的深水区。在新时代，我国社会主要矛盾转变为人民日益增长的美好生活需要和不平衡不充分的发展之间的矛盾。这意味着在物质生活日益丰裕并逐渐达到小康水平后，我国人民对美好生活尤其是美好文化生活的需求不断增长。这也为我们的文化体制改革和文化繁荣发展提出了新的时代要求。纵观我国的文化体制改革，通过不断探索前行，取得了重要成绩，积累了丰富的经验，但也留下了诸多尚待解决的硬骨头，对逐步进入全面小康社会的中国来说，文化体制改革仍然需要攻坚克难、砥砺前行。

在本书的写作过程中，何璇、宋小燕、潘炜、胡雅纯、李婷婷、张力元、岳倩瑜等老师和学生参与了本书部分章节的资料收集和初稿起草的任务。本书的写作也得到了傅才武教授的诸多建议和指导。在此，向以上提到的老师和同学表示衷心的感谢！

陈 庚

2019 年 5 月于武汉大学珞珈山